Richard Fraunberger
Jedes Dorf ein Königreich
Griechische Kontraste

Richard Fraunberger

Jedes Dorf ein Königreich
   Griechische
Kontraste

Picus Reportagen

Picus Verlag Wien

Χρηστίνα, ποίῳ ἤ μὴ σοί;
στὴ μεγαλόκαρδη
τὴν πάντοτε ἐγγύς
τὴν ἀμοργιανὴ θεά μου.

Copyright © 2008 Picus Verlag Ges.m.b.H., Wien
Alle Rechte vorbehalten
Grafische Gestaltung: Dorothea Löcker, Wien
Umschlagabbildung: © Bahnmueller / alimdi.net
Druck und Verarbeitung: Remaprint, Wien
ISBN 978-3-85452-942-2

Informationen über das aktuelle Programm
des Picus Verlags und Veranstaltungen unter
www.picus.at

Inhalt

Mitten in Griechenland
Ein Vorwort 9

Griechenland auf zwei Quadratmetern
Der Kiosk ist der ideale Ort, sich Griechenland zu nähern 17

Leben und Sterben in Mesohoria
Griechenlands Seele sind seine Dörfer. Doch sie sterben aus 32

Die große Wanderung
Vom traditionellen Auswandererland zum überforderten Einwanderungsland. Griechenland zwischen Multikulturalität und Ethnozentrismus 45

Das Wunder der Ägäis
Nichts ist so tief verwurzelt wie die christlich-orthodoxe Tradition. Eine Pilgerfahrt nach Tinos 58

Zu Hause im »kafenion«
In den traditionellen Kaffeehäusern sitzt man nicht neben den Griechen. Man trifft sie 68

Heute Abend um neun
Noch immer reisen Schattenspieler quer durchs Land und verwandeln nachts den Dorfplatz in eine Bühne 78

Wir, die Raptis
Großmutter, Tochter, Enkelin. Drei Frauenleben. Drei Generationen erzählen aus ihrem Leben 87

Der Sound der Bouzoukis
Einst war es das Instrument zwielichtiger Gestalten und kauziger Kiffer. Heute kommt kein Lied, kein Fest ohne das Bouzouki aus 97

Erst die Tiere, dann der Mensch
Jorgos Mokas ist einer der letzten Halbnomaden – und einer, der unbeirrbar am Alten festhält 108

Der Traum vom Garten Eden
Vor gut dreißig Jahren suchten zweihundert deutsche Aussteiger auf der Insel Ithaka nach Wegen zu einer neuen, besseren Gesellschaft 117

Mitten in Griechenland

Ein Vorwort

Als der in England lebende und 1974 per Volksabstimmung abgesetzte Exkönig von Griechenland, Konstantin II., nach Jahren wieder Heimatboden betrat, um seine Besitztümer auf Attika zu besichtigen, wartete auf ihn eine Schar aufgebrachter Großmütterchen. Sie schluchzten vor Freude, winkten, streckten die Arme in die Höhe. »Mein Junge!«, riefen sie dem siebenundsechzigjährigen Mann zu. »Mein Geliebter! Mein Lamm!« Worte der Zärtlichkeit, wie man sie Menschen gegenüber zum Ausdruck bringt, die man liebt, die man ins Herz geschlossen hat. Es war, als stünde vor den Großmütterchen der eigene, aus der Fremde heimgekehrte Sohn. Hätte man die Frauen gelassen, sie hätten den Exkönig an die Brust gedrückt, ihn abgeküsst und mit nach Hause genommen, wo das Essen vermutlich bereits auf dem Tisch stand.

Menschen mit offenen Armen zu empfangen, auch wenn es nicht der Exkönig ist, mit jedem ins Gespräch zu kommen, trotz der alljährlich sechzehn Millionen Touristen, dafür hat dieses Land eine Begabung wie kein anderes in Europa. Gemeint ist nicht die viel gerühmte griechische Gastfreundschaft, die vielerorts ersetzt worden ist durch Service. Es ist die Art, auf Menschen zuzugehen. Die Leichtigkeit, mit der man ins Gespräch kommt, die Ungezwungenheit, Vertrautheit. Das Duzen, das so selbstverständlich ist wie das Küsschen auf die Wange. Das Auf-die-Schulter-Klopfen. Der schnelle Wechsel vom Förmlichen ins Private. Die Lust am Austausch. Die Neugier auf den Fremden. Das ist anrührend. Es ist, als sei ganz Griechenland ein Dorf, in dem jeder jeden kennt. Und wen man nicht kennt, nun ja, den kann man kennenlernen. Im Bus oder auf der Fähre. Natürlich hat diese Leutseligkeit auch unangenehme Seiten. Liegt man mutterseelenallein an einem See mitten in den Bergen, genügen ein Grieche und ein Handy und es ist aus mit der göttlichen Stille. Auch das Duzen und der kumpelhafte, gelegentlich ruppige Ton können nerven. Aber es ist selten böse gemeint. Unhöflich dagegen sind elitäres Gehabe und Dünkel.

Sitzt man in einer Taverne und, sagen wir mal, der Premierminister kommt zur Tür herein, kein Mensch würde vor Ehrfurcht erstarren und »Guten Tag, Herr Premierminister« sagen. »Kostas, wie geht's?«, wäre eine normale Reaktion. Wer obendrein dem Premierminister seine Sympathien bekunden will, klopft ihm kameradschaftlich auf die Schulter und sagt: *kaló pedí*, guter Junge. Das hat etwas Egalitäres, Brüderliches. Etwas, das einmalig ist in Europa. Die Gründe dafür wurzeln in der Geschichte. Nach ihrer Unabhängigkeit vom Osmanischen Reich bildeten die Balkanstaaten eine andere Gesellschaftsform als in den meisten anderen europäischen Ländern. Der Historiker Mark Mazower spricht von »Bauern-Demokratien«.

Jahrhundertelang lag Griechenland danieder,

eingekapselt wie in Bernstein, abgekoppelt von den Entwicklungen in Europa. Die Herrschaft des Adels, Ständegesellschaft, Zunftwesen, Großbourgeoisie, Proletariat, ein Klassenbewusstsein – nichts dergleichen existierte. Es gab türkische Wesire und türkische Grundherren. Es gab reiche griechische Händler und Bankiers und eine reiche orthodoxe Kirche. Die breite Masse aber pflügte die Erde, melkte Schafe und Ziegen, fischte, lebte in einem bäuerlichen, armen Land, dessen einstige Stadtkultur längst verloschen war. Die mächtigen Stadtstaaten des antiken Griechenlands, Athen, Korinth, Sparta, Theben, waren verkommen zu einer Ansammlung von Hütten mit Weideplatz. Außer Thessaloniki gab es keine Stadt, die diesen Namen verdient hätte. Was es gab, waren Siedlungen und Dörfer, große und kleine. Das Dorf ist daher Ursprung. Es ist ein Gleichmacher. Es ist der Ort, aus dem nahezu jeder Grieche stammt, der älter ist als vierzig. Die Trümpfe Griechenlands sind nicht Sonne und Meer, nicht die Inseln und nicht die antiken Stätten. Es sind die Menschen und die Dörfer. Beide schaffen Nähe. Eine Nähe, die hilft, den Herzschlag dieses Landes besser zu spüren.

»Woher kommst du?« – »Aus Athen.« – »Ja, aber woher kommst du wirklich?« Dieser Wortwechsel ist typisch unter Griechen. Die meisten der fünf Millionen Menschen, die heute im Ballungsraum von Athen leben, können ihre Wurzeln in dieser Stadt allenfalls drei Generationen zurückverfolgen. Ähnlich ist es in Thessaloniki, der zweitgrößten Stadt. Auch die ganz Großen, Konstantinos Karamanlis, Andreas Papandreou,

Mikis Theodorakis, alle stammen aus dem Dorf. Nahezu jeder Stadtbewohner hat Angehörige im Dorf. Oder er hat Freunde im Dorf, ein Haus, ein Grundstück, eine Ziege. Die Heimat ist nicht die Stadt, in der man lebt und arbeitet. Die Heimat, das ist immer zuerst das Dorf. Selbst wenn man dort nicht geboren wurde, sondern die Eltern oder die Großeltern. Für die Älteren, die vor Jahrzehnten auf der Suche nach einem besseren Leben in die Stadt zogen, ist es gar das verlorene Paradies. Ein Ort der Kindheit, der zum Ort der Sehnsucht wurde und in den sie zurückkehren möchten, sobald Kinder und Kindeskinder versorgt sind. Hin- und hergerissen pendelt der Durchschnittsgrieche zwischen Dorf und Stadt, als wäre er mit dem Dorf verbunden über eine Nabelschnur, die er unmöglich durchtrennen kann. Die Stadt ist ein Versprechen. Sie ist Arbeit und Geld. Sie ist der Fortschritt. Sie ist die Zukunft, die es auf dem Land nicht gibt. Das Dorf ist das verlassene Nest der Großfamilie, der Besuch bei den Großeltern, es ist Urlaub und Kinderspielplatz. Am meisten aber ist das Dorf der Widerschein griechischer Wesensart. Die Dörfer, sie sind die Seele Griechenlands.

Jedes Wochenende wälzen sich im Sommer Zehntausende Autos hinaus aus Athen. Jedes Wochenende stecken die Athener auf dem Weg ins Freie im Stau. Es ist, als lebte eine Nation auf Montage. Dörfer füllen sich, Wochenendhäuser, Tavernen, Strände. Und drei Mal im Jahr kommt es zum »Großen Exodus«. So heißt jene Zeit, in der ganz Athen die Koffer packt. Die halbe Bevölkerung Griechenlands strömt dann zurück in die

Heimat, zurück ins Dorf. Zu Ostern. Zu Mariä Entschlafung. Zu Weihnachten. Ein Treck biblischen Ausmaßes. Eine Invasion zu Wasser und zu Land. Ein aus Athen in alle Richtungen sich ergießender Lichterstrom, rot und weiß strahlend in der Nacht. Es ist, als blute Athen aus, als pumpe die Stadt wie ein zuckendes Herz ein letztes Mal Blut in alle Körperbahnen und käme dann zum Stillstand.

Zum »Großen Exodus« kommen die Kommunal- und Parlamentswahlen hinzu. Gewählt wird im Dorf, um mitzubestimmen in der Heimat. Über eine neue Straße, den neuen Bürgermeister. Um dafür zu sorgen, dass das Dorf nicht verkümmert, nicht herunterkommt. Weiterleben soll es, auch wenn nur eine Handvoll Menschen dort lebt. Das Dorf ist eine Haltung, eine Weltanschauung. Und fast überall, wohin man blickt, findet sich seine Fortsetzung: im Fernsehen, wo Politiker und Journalisten sich aufgeregt und schreiend ins Wort fallen, sich beschimpfen wie die Männer im Dorfkafenion; in den Nachrichten, in denen zuerst über gestiegene Lammfleischpreise berichtet wird, über ein Wohnzimmer, das unter Wasser steht und danach über die Zündung einer Atombombe; in Athen, wo Männer vor ihrem Geschäft *tavli* spielen und Großmütter streunende Katzen und Hunde mit Essensresten versorgen. Athen, es ist vielleicht das größte Dorf. Das Auto wäscht man auf der Straße, und wer es zu Ostern nicht schafft, aus der Stadt zu kommen, nun, der grillt sein Lamm eben auf dem Gehweg. Ganze Stadtteile haben den Charakter der Nachbarschaft bewahrt. Was auch daran liegt, dass man früher stets in jenes Viertel zog, in dem bereits der Bruder wohnte, ein Onkel, irgendein Angehöriger. Nachts, wenn es unerträglich heiß ist, sitzen die Leute auf ihrem kleinen Balkon, als säßen sie vor ihrem Haus im Dorf. Lautstark unterhalten sie sich bis tief in die Nacht hinein mit den Nachbarn nebenan und den Nachbarn gegenüber.

Das Dorf in der brodelnden Millionenstadt. Der Großstadtmensch im geliebten Heimatdorf. In Griechenland sind Kontraste und Gegensätze an jeder Ecke zu finden. Wie selbstverständlich existieren sie nebeneinander. Der vor dem *kafenion* angebundene Esel neben dem zitronengelben Sportwagen. Die keimfreie, mit klassischer Musik beschallte Shopping-Mall, hundert Meter weiter die rostigen Pick-ups, auf denen schreiende Händler Knoblauch und Socken verhökern. Dorische Säulen und neoklassizistische Häuser neben heruntergekommenen Betonklötzen. Das alte Griechenland neben dem neuen. An Widersprüchen mangelt es nicht. Manche faszinieren, regen an. Über andere schüttelt man fassungslos den Kopf. Manche springen ins Auge. Andere bleiben auf den ersten Blick verborgen. Die staubige, bruchsteinerne Schönheit des Landes und die unsägliche Hässlichkeit der Städte. Beschämende Großzügigkeit und unglaubliche Missgunst. Liebenswerte Herzlichkeit und rüdes Benehmen. Ungestüme Ungeduld und bodenlose Lethargie. Wohltuende Offenheit und törichter Klatsch. Große Gastfreundschaft und sträflicher Rassismus. Kindliche Neugier und himmelschreiende Gleichgültigkeit. Orient und Okzident. Es ist alles da. Nie wird es lauwarm. Immer hält etwas wach.

Was nach einer Reise durch Griechenland bleibt, ist, dass man es nicht vergisst. Das ist viel in einer Zeit, in der sich die Welt vervielfältigt, in der die Unterschiede geschliffen werden, in der das Lokale auf Weltreise ist und das Globale lokal wird. Man vergisst nicht das Gefühl, frei zu sein, ein Gefühl, das hier stärker ist als irgendwo sonst in Europa. Man vergisst nicht die Natur, die noch ein Gesicht hat und durch die man ziellos laufen kann, einfach so, querfeldein, durch Gestrüpp und über Felder, ohne von Autobahnen oder Verbotsschildern aufgehalten zu werden. Man vergisst nicht die Aufmüpfigkeit der Menschen, die vor keinem schlecht gelaunten Beamten kapitulieren. Man vergisst nicht die Unwägbarkeiten des griechischen Pi-mal-Daumen-Systems, die kleinen, unzähligen Widrigkeiten im täglichen Leben. Nie weiß man genau, was der nächste Tag bringt.

Immer ist da ein Moment der Überraschung. Ein Stromausfall. Ein tagelanger Streik, der den Fährbetrieb zu den Inseln lahmlegt. Der Untergang eines griechischen Kreuzfahrtschiffs, im geschützten Hafen einer Insel und bei ruhiger See. Ein Fischer, der, ohne zu zögern, einen Fremden mitnimmt aufs offene Meer. Grenzbeamte, die an der Staatsgrenze nicht abfertigen, weil sie hinter dem Zollhäuschen das Osterlamm grillen. Eine Einladung zum Kaffee, weil es im Dorf kein *kafenion* gibt. Dann sitzt der Fremde in einem Wohnzimmer, an den Wänden Ikonen, im Schrank die Fotos der Enkelkinder, am Tisch ein alter Mann und seine Frau, Wasser und Kaffee werden gereicht, Fragen gestellt, Geschichten erzählt, über das Dorf und die Kinder und wie früher alles einmal war, und er, der Fremde, ohne es gesucht zu haben, ist plötzlich mittendrin, ist mitten in Griechenland.

Griechenland auf zwei Quadratmetern

Der Kiosk ist der ideale Ort, sich Griechenland zu nähern

Alexandros Drakopoulos, achtunddreißig, hat wenig Zeit für seltsame Fragen. »Es ist mein Job. Was soll ich sagen? Mein Vater war Kioskverkäufer, einundvierzig Jahre lang. Jetzt bin es ich.« Es ist 9.30 Uhr, ein kalter Februarmorgen. Seit zweieinhalb Stunden sitzt Alexandros in seinem Kiosk an der Eleftheriou-Venizelou-Allee, mitten in Athen. Der Kiosk ist eine Bude auf dem Gehweg, gleich gegenüber einer Bank. Sie hat ein Fensterchen und eine hölzerne Tür, durch die man den Kiosk gebückt betritt. An der Außenwand sind Schnüre gespannt. Zeitungen hängen daran wie Socken auf der Leine. Wären da nicht die Zeitschriftenständer, der Kiosk könnte auch eine öffentliche Rumpelkammer sein. Alexandros sitzt auf einem Hocker und schaut zum Fensterchen hinaus. Chipstüten und Süßwaren umrahmen ihn. Wie ein Gemälde sieht das aus. Eingepackt in eine Daunenjacke, summt er frierend ein Lied. Alexandros hat ein Radio und ein Telefon. Ein Heizofen wäre schön. Nur der Platz fehlt. Macht er einen Schritt, steht er an der Tür. Der Kiosk ist eine Zelle, zwei Quadratmeter groß. Er ist so klein und bescheiden wie die Küchen der alten Frauen, so eingeschränkt wie der Lebensraum mancher Griechen. Er ist vom Boden bis zur Decke vollgestopft mit Waren. Telefonkarten und Batterien, Tabak und Lutscher, alles ist in greifbarer Nähe. Von sieben Uhr früh bis elf Uhr nachts hat Alexandros jeden Tag geöffnet. Mittags kommt die Mutter auf dem Moped. Sie bringt das Essen und alles, was sonst noch fehlt im Kiosk.

»Du musst rund um die Uhr geöffnet haben. Urlaub gibt es keinen«, sagt Alexandros. In jeder Stadt, beinahe an jeder Straßenecke gibt es einen Kiosk. Zwölftausend sollen es in Griechenland sein, dreitausend in Athen. Moderne und ramponierte, aus Aluminium und aus Holz. Manche sind ausgestattet mit Klimaanlage und Fernseher. In anderen sind Pappkartons an die Wand genagelt. Das schützt vor Hitze und Wind. Meist liegen sie an einer Kreuzung, an einem belebten Platz, um die Menschen aus allen Richtungen anzuzapfen. Manchmal sind sie bloß ein Kabuff am Rande eines Dorfes. Was man in Deutschland Kiosk oder Trinkhalle nennt, heißt in Griechenland *periptero*. Er ist der ideale Ort, sich dem Land zu nähern. Seiner Andersartigkeit und den Marotten der Griechen.

Die Größe des *periptero* steht im Gegensatz zu seiner Bedeutung. Er ist die Lösung für jene Bedürfnisse, die aus dem Augenblick heraus entstehen und ohne die man dauerhaft nicht sein will: Zigaretten, Zeitungen, Eis und Chips, Busfahrkarten, Rasierklingen, Kondome, Shampoo, Wasser und Milch. »Ein periptero ist wie eine Tankstelle an der Autobahn«, sagt Alexandros. »Hier halten die Menschen zu einem Boxenstopp.« Zu Fuß und mit dem Auto. Da kommt es schon mal vor, dass ein Autofahrer neben dem Kiosk hält, aussteigt, der Mann zum Kiosk schlappt, in aller

Seelenruhe nach seiner Zigarettenmarke sucht und nach irgendetwas anderem, von dem er nicht genau weiß, was es ist, beim Griff in die Hosentasche feststellt, dass das Geld im Auto liegt, zurückschlappt, das Auto durchwühlt, sich erneut zum Kiosk begibt, jetzt schwitzend, weil das Suchen im Auto bei praller Sonne nun mal harte Arbeit ist, während sich hinter ihm der Verkehr staut, gehupt wird und geschrien. Griechen sind keine Einzelgänger. Sie sind »Gruppenindividualisten«. Sie lieben, sie brauchen *paréa*, Gesellschaft. Kein Mensch würde je allein ins Kino gehen oder allein verreisen. Aber wenn es darum geht, ihren Kopf durchzusetzen, scheren sie aus der Gruppe aus, werden eigensinnig und unbeirrt. Zehn Millionen Griechen leben in Griechenland. Das sind zehn Millionen Demokratien.

»Kontakt ist wichtig«, sagt Alexandros. »Ich kenne alle im Viertel, und alle kennen mich.« Anwohner hinterlegen bei ihm Hausschlüssel. Stammkunden bekommen Kleinkredit. Manche leisten ihm Gesellschaft, sitzen den halben Tag lang neben ihm. Manche wollen tratschen, andere Ratschläge fürs Leben. »Dramen kenne ich«, sagt Alexandros und zieht beschwörend die Augenbrauen hoch. »Ehekrisen, zerplatzte Träume, Abstürze, den ganzen Stoff, aus dem das Leben ist.« Griechen sind offene Menschen, immer aufgelegt zu einem Plausch. Wie alle Südländer verfügen sie über die Fähigkeit zu sorgloser Konversation. Familie, Urlaub, stundenlang können sie darüber reden. Sich mitzuteilen, ist ein Bedürfnis. An jedem Ort, zu jeder Zeit. Daher auch die Leidenschaft fürs Telefonieren. Durchschnittlich 1,4

Handys besitzt jeder Bewohner. Telefonieren als Dauerzustand. In der Taverne, in der Metro. Ein Volk im Stand-by. »Wie geht's? Wo bist du?« An jedem Gespräch nimmt man teil. Ein lauter, endloser Redeschwall. Nur vor Steuerprüfern, da verstummen Griechen.

Distanz mag in anderen Ländern wichtig sein, in Griechenland ist es Nähe. Denn Nähe braucht der Mensch. Sie wärmt und beschützt. Vor allem aber hilft sie, Hindernisse zu überwinden. Mit einem Freund auf dem Bauamt, der Taufpatin im Krankenhaus, dem Kumpel im *periptero*. So wird das Unmögliche möglich. So finden Ärzte plötzlich Zeit, den Kranken zu untersuchen. So wird Wald zu Bauland. So erhält der Sohn eine Stelle als Telefonist im Rathaus. Das sind Freundschaftsdienste. Das sind kleine Wunder. Das ist *rusféti*. Es gehört zum Leben wie das Kinderkriegen und der Tod. Menschlich sind Gefälligkeiten, menschlich ist *rusféti*.

Alexandros erlebt die Menschen in allen Stimmungen. Typen, die nachts um elf Rasierschaum und Aspirin wollen. Junkies, auf der Suche nach Geld. Politiker, ermattet vom Sitzen im benachbarten Parlament. »Und dann die Touristen«, sagt er, »nass geschwitzt, krebsrot im Gesicht, ohne einen blassen Schimmer, wo das Hotel ist. Manche muss man an der Hand nehmen und zurückbringen.« *Polikatikía* heißt der Einheitsbrei, in dem man sich auch ohne einen Schluck *ouzo* verlaufen kann. Das sind uniforme Straßenzüge, vollgestopft mit fünf- bis achtstöckigen Wohnhäusern, im Erdgeschoss oft ein Geschäft. Als die Wirtschaft in den Sechzigern an Liquiditätsproblemen krankte und Kredite teuer waren, griff man zu ungewöhnlichen Mitteln. Eigentümer kleiner Häuser und ungenutzter Parzellen, die kein Geld hatten – und das waren die meisten – erlaubten Bauunternehmen, ihr Grundstück zu bebauen. Als Gegenleistung erhielten sie zwei, drei Wohnungen im neuen Wohnhaus, den Rest verkauften die Bauherren. Nach dem Prinzip dieser Gegenleistung, der *antiparochí*, entstanden Griechenlands Städte. Ohne Grün. Ohne einen Handbreit Abstand zum nächsten Haus.

Ja, ein Concierge sei er, sagt Alexandros, der Pförtner der Straße, ohne goldbetressten Gehrock, dafür mit offenem Ohr und Eselsgeduld. Seit drei Jahren führt Alexandros den Kiosk. »Man wird nicht reich, aber es reicht zum Leben«, sagt er. Griechen arbeiten am liebsten für den Staat. So bleibt viel Zeit für die Familie und genügend Kraft für den Nebenjob. Wer kann heute noch von nur einer Arbeit leben? Gut fünfzig Prozent aller Erwerbstätigen sind selbständig. Sie haben eine Taverne, betreiben ein Wettbüro, besitzen ein Taxi, einen Lkw, eröffnen irgendeinen Laden, in dem dann die halbe Familie sitzt. Auch wenn der Verdienst bescheiden ist: sich nicht reinreden zu lassen, der eigene Herr zu sein, das ist wichtig. So wichtig wie eine ordentliche Schulausbildung für die Kinder. Leider haben öffentliche Schulen keinen guten Ruf. Die Lehrer, die Ausstattung, der Zustand der Gebäude, vieles lässt zu wünschen übrig. Die meisten Schulkinder gehen daher nachmittags für teures Geld in private Nachhilfeinstitute. Wie es der Zufall will, arbeiten dort auch manche Lehrer. Sie unterrichten jene Schüler, vor denen sie vormittags im Klassenzimmer stehen.

Der *periptero* ist der Ein-Mann-Betrieb der Nachbarschaft, beinahe zu jeder Uhrzeit kann man kaufen, was es nicht zu jeder Uhrzeit gibt. Deutsche Lebensmittel-Discounter und Elektro-Handelsketten haben Griechenland entdeckt. Ikea ist da und Fnac. Immer schwerer wird es für Kleingeschäfte und Familienbetriebe. Anders der Kiosk. Er ist eine Goldgrube. Gut achtzig Prozent der Kioske an zentralen Plätzen erzielten 2005 sechsstellige Jahresumsätze. Die Rekordmarke liegt bei 2,9 Millionen Euro. »Da klingeln die Kassen«, sagt Alexandros und zeigt in Richtung Omonia. Verkauft wird dort im Drei-Schichten-Betrieb. Die ganze Woche, 24/7. So wie in Amerika. Damit das funktioniert, teilen sich zwei Familien einen Kiosk. Angekurbelt wird der Umsatz mit Sonnenbrillen, ausländischen Zeitungen, Pornoheften, Uhren, Souvenirs und kaltem Bier. Zigaretten bringen den meisten Umsatz. Einundfünfzig Prozent der Männer und fast vierzig Prozent der Frauen rauchen. Das ist EU-Rekord. Außer in der Metro und in der Kirche wird überall geraucht. Mit Vorliebe beim Essen.

Essen in Griechenland ist ein unvergessliches Erlebnis. Einmal richtig ausgehen mit Griechen, man möchte nie wieder zum Italiener. Weil es ungezwungen zugeht, man kleckern und von allen Tellern probieren darf, und die Kinder auch in der Küche toben dürfen, ohne dass der Wirt gleich durchdreht. Weil allein essen nichts ist, aber zusammen essen alles und weil es niemanden stört, wenn es hinterher aussieht wie auf einem Schlachtfeld. Gegessen wird spät und viel. Übergewicht ist ein nationales Problem. Hinzu kommt, dass Sport zwar beliebt ist, aber kaum jemand Sport betreibt. Fahrradfahrer und Jogger sind so selten wie ein Schauer im Sommer. Anstrengungen ermüden. Und die Hitze macht es einem nicht leichter. Da ist es besser, am Strand zu liegen, ein Frappé zu trinken, zu dösen und zu planschen. Um die Körperfülle wieder in den Griff zu bekommen, bieten Beautycenter Abspeckkuren an. Nebenbei kann die Nase korrigiert und hängendes Körperfleisch weggeschnitten werden. Schön soll der Körper sein, jung und sexy. Griechen sind Genießer, die wissen, was gut ist und was gut tut. Zum Wohlfühlen sind kein Yin-Yang und keine Entspannungsbäder in verglasten Badewannen nötig. Wellness, das ist immer zuerst die Taverne. Leider hören sie selten auf die Mahnungen ihres Körpers. Andere Dinge interessieren sie viel mehr. Autos zum Beispiel und Häuser.

Griechen sind ein konsumfreudiges Volk. Kaufen ist ein Vergnügen, in Shoppingcenter zu fahren ein Erlebnis. Geparkt wird auch in dritter Reihe. Parkplätze sind selten und immer zu klein, und zu Fuß geht man nicht. Als Kunde sind sie wählerisch und beim Kauf impulsiv. Im Geschäft und am Kiosk. Außer einzukaufen, gehen sie für ihr Leben gern aus. Ins Café und eben in die Taverne. Dass der Kaffee viereinhalb Euro kostet, kratzt keinen Griechen. Alles hat seinen Preis. An einem Abend in einer Taverne hundert Euro auszugeben, nun ja, was ist schon das Leben ohne ein bisschen Vergnügen. Das hat Stil. Vor allem wenn man bedenkt, dass Griechen – offiziellen Angaben zufolge – weniger verdienen als Deutsche. Geiz mag anderswo geil sein. In Griechenland ist Geiz eine Todsünde. Auch über Knausrigkeit können Griechen nur den Kopf schütteln. Nicht ein paar Euro Rabatt entscheiden über den Kauf einer neuen Einbauküche oder einer Nachtcreme. Es ist ein »made in Germany«, es sind Rubinstein und Shiseido. Überhaupt, es ist schön, Geld auf der Bank zu haben. Schöner ist es, im wüstentauglichen Jeep durch Athen zu fahren, in richtig dicken Kisten mit fünfundzwanzig Liter Benzinverbrauch. Treibende Kraft des über dem EU-Durchschnitt liegenden Wirtschaftswachstums sind der Konsum und die Bauwirtschaft. Was daran liegt, dass Kredite so leicht zu bekommen sind wie eine Karaffe *retsina* im *kafenion*. Und natürlich daran, dass Griechen im Hier und Jetzt leben und nicht im Übermorgen. Die Schattenwirtschaft spielt ebenso eine große Rolle. Dreißig Prozent des Bruttoinlandsprodukts soll sie betragen. Geld am Fiskus vorbeizumogeln, ist ein Volkssport. Jeder betreibt ihn. Wer nicht schummelt, ist dumm. Mehrwertsteuer, Einkommenssteuer, Körperschaftssteuer, wozu dem Staat Geld in den Rachen werfen? Würden sämtliche Einkommen und sämtliche erwirtschafteten Gewinne deklariert, das statistische Pro-Kopf-Einkommen Griechenlands würde vermutlich auf EU-Durchschnitt schnellen. Um die landesweite Seuche Schwarzgeld einzudämmen, hat der Finanzminister nun einen Plan ausgeheckt: Quittungen sollen abhelfen. Das Essen in der Taverne, die Whiskeyflasche im Nachtclub, die Rechnung des Klempners – künftig können Dienstleistungen bis zu einem gewissen Grad von der Steuer abgesetzt werden.

Griechen sind stolz auf ihr Land, aber dem Staat misstrauen sie. Denn der Staat, das ist Inkompetenz, Ineffizienz und eine Bürokratie, an der selbst Hartgesottene verzweifeln. Vor allem aber ist der Staat ein großer Supermarkt. Jeder bedient sich. Irgendwie. Spekuliert an der Börse mit Geldern aus der staatlichen Rentenkasse und streicht die Gewinne ein. Hält die Hand auf. Verteilt Ämter. Bewilligt Zuschüsse. Vergibt Aufträge, Nachweise, Genehmigungen. An Parteifreunde, die Sippe, den treuen Wähler. Politik in Griechenland hat stets etwas mit Gegenleistung zu tun. Der eine will ins Parlament, der andere braucht eine asphaltierte Zufahrt zum Stall. Jeder will irgendetwas. Und genau genommen schummelt jeder ein wenig. Der Staat, indem er falsche Defizitzahlen nach Brüssel meldete und so der Eurozone beitrat. Der Bürger mit seiner lockeren Steuermoral. Die Kirchengemeinde, die mittels doppelter Buchführung möglichst viel Kerzengeld und Spenden einbehält und möglichst wenig an den Bischof abführt. Besser also man findet schnell Verwendung für das Schwarzgeld und kauft ein Auto und ein Haus, bevor es andere einstecken und sich womöglich davon selbst ein Haus kaufen.

Griechen haben eine große Leidenschaft. Ohne ein Eigenheim – oder auch zwei – macht das Leben keinen Sinn. Und weil Griechen ungern allein sind, bauen sie für ihre Kinder das Obergeschoss gleich mit. Gebaut wird, was das Zeug hält. Legal, illegal, halblegal. Hauptsache mit Blick aufs

Meer. Für Griechen ist die Schönheit ihres Landes so selbstverständlich wie der Sonnenaufgang. Nichts kann sie trüben. Nicht die aus dem Autofenster geworfenen Müllsäcke am Straßenrand. Nicht die Autowracks im Olivenhain. Auch nicht die Häuser, die überall aus dem Boden schießen und die einem das bange Gefühl geben, von dieser wilden und einsamen Landschaft werde bald nichts mehr übrig sein. »Die Kykladen ertrinken im Zement«, befand im März 2007 die Zeitung *Kathimerini*. Kein Hang, kein Strand, an dem nicht Ferienhäuser stünden. Und auf nahezu jedem Gebirge Griechenlands klafft aus der Erde ein Labyrinth aus rostroten Pisten, die von fern wie Wunden aussehen, gezogen wie mit dem Messer. Was auch daran liegt, dass seit dem Abzug der Türken nie klipp und klar geklärt wurde, was dem Staat gehört und was nicht. Fehlende Grundbücher, Zersiedelung, brennende Müllkippen, allein im Jahr 2007 über 268.000 Hektar abgefackeltes Land – das mag Umweltaktivisten auf die Palme bringen. Wichtiger als Umweltfragen aber ist ein schöner Urlaub.

Dreitausend Euro im Monat betrage die Miete für einen Kiosk am Omonia-Platz, sagt Alexandros. Das wären 1.176 Euro pro Quadratmeter, vorausgesetzt die Kioskbetreiber halten sich an die Vorschriften. Maximal 1,5 Meter mal 1,7 Meter darf ein *periptero* groß sein. Das sind 2,55 Quadratmeter. »Ein Witz«, sagt Alexandros. »Der ganze Platz ist zugestellt.« Kühlschränke, Gefriertruhen, überquellende Ständer. Wie eine Wagenburg stehen sie um die Kioske. Am Omonia-Platz, in Kolonaki. Überall das gleiche Bild. Griechen lassen sich ungern etwas vorschreiben. Selbst auf Athos, dem Leuchtturm der Orthodoxie, streiten sich die Mönche, und manchmal, wenn Argumente nicht genügen, prügeln sie sich. In Athen weigerten sich die Taxifahrer jahrelang, Quittungen auszustellen, und die Metzger auf dem Zentralmarkt liefen Sturm gegen die neuen Hygienevorschriften aus Brüssel. Griechen sind für ein geeintes Europa. Aber wenn sie von Europa sprechen, sagen sie »dort in Europa« und »hier in Griechenland«. Trotz aller Widerspenstigkeit schreitet die Nivellierung unaufhaltsam voran. Der globalisierte Alltagstrott ist angekommen und mit ihm das Abarbeiten des Bankkredits. Nach getaner Arbeit sitzt die halbe Nation neben aufgerissenen Pizzaschachteln vor dem Fernseher und sucht den Superstar. Oder fiebert mit, wie Kandidaten in einem Gewinnspiel Geldkoffer öffnen. »In Griechenland haben die Menschen Zeit, trinken Ouzo und genießen die Sonne.« Ein schöner Satz, der in deutschen Zeitungen oft zu lesen ist, ein Satz, der mehr Wunsch ist als Realität. Stau, Gedränge und Termindruck prägen eher das Bild, zumindest in den Städten.

Aber noch sind nicht alle Eigenarten weggehobelt. Noch hält der Busfahrer, obwohl er es nicht darf, wo immer der Fahrgast auf der Landstraße auszusteigen wünscht. Noch kann man an den meisten Stränden sein Zelt aufbauen und wie ein Hippie leben, ohne gleich wie ein Penner verscheucht zu werden. In Griechenland wird Freiheit gelebt!! Und die Ehre wird hochgehalten!! Kein Strafgesetzbuch, nichts hält Griechen davon ab, zu tun, was sie glauben, tun zu müssen: An einer Kreuzung in Athen stritten sich zwei Autofahrer um die Vorfahrt. Die zwei Insassen des einen Autos verprügelten den anderen Autofahrer. Sieben Monate lang suchten die Brüder des verprügelten Mannes nach den Schlägern. Als sie einen fanden, erschossen sie ihn. Man könnte glauben, Griechenland sei Europas Wilder Westen. Alles ist möglich. Alles geht. Sogar ein überbordendes Warenangebot auf läppischen zwei Quadratmetern. Der *periptero*, zu dem man vor zwanzig Jahren ging, um angerufen zu werden, ein amtliches Formular zu kaufen, eine Brause, einen Kaugummi, er ist zum Hypermarché mutiert. Auch das Berufsethos des Kioskverkäufers habe sich geändert, meint Alexandros und braust jetzt auf. »Frag doch mal, wo die nächste Bushaltestelle ist. Die wissen nicht mal, wo die Akropolis liegt.« Kein Verkäufer könne mehr Auskunft geben. Oft sitzen Ausländer im *periptero*, Bulgaren, Albaner. »Das ist billiger, und der Kioskbetreiber kann sich niederlegen zum Mittagsschlaf.«

Kioske, das muss man wissen, sind Eigentum der Präfektur. Und jetzt wird es kompliziert. Nur wer eine Lizenz besitzt, darf einen Kiosk betreiben und ihn, unter bestimmten Bedingungen, an Dritte untervermieten. Gut Bescheid weiß da Frau Katerina Sophianou, Omonia-Platz, Themistokleous 4, dritter Stock, erste Tür rechts. Ihr winziges Büro sieht ein bisschen aus wie ein *periptero* von innen. Überall Papierstapel, Akten, Ordner, Zeitungen. An den Wänden hängen Bilder und Stiche verdienter Kriegsveteranen. Erster Balkankrieg. Zweiter Balkankrieg. Beide Weltkriege. Bürgerkrieg. Koreakrieg. Der Raum ist das Büro des Panhellenischen Verbunds der Invaliden und Kriegsopfer. Griechen haben keinen ausgeprägten Bürgersinn. Geht es aber um Forderungen gegenüber dem Staat, gründen sie im Handumdrehen eine Interessensgemeinschaft. Fünftausend soll es geben. Selbst kinderreiche Familien sind organisiert.

Im Büro von Katerina Sophianou werden Kriegsgeschädigte beraten und Ausflüge organisiert. Auch eine Monatszeitung erscheint. *Der Kampf der Invaliden und der Kriegsopfer* heißt sie. Das Blatt informiert über Gesetze und Vorschriften zum Kiosk. »Also, es ist ganz einfach mit dem periptero«, sagt die ältere Dame und holt Luft. Der *periptero* ist eine Art Rente, eine Unterstützung durch den Staat. Anerkannte Invaliden sowie Kriegsinvaliden, Kriegsgeschädigte, Kriegerwitwen und deren unverheiratete oder geschiedene Töchter, die am Rande des Existenzminimums leben, haben Anspruch, einen Kiosk zu betreiben. Mietfrei und auf Lebenszeit. Bei entsprechender Versehrtheit kann er untervermietet werden. Kurz: Der Kiosk ist Bestandteil griechischer Sozialpolitik. Und das seit fast hundert Jahren. Zuständig für die Vergabe der begehrten Lizenz ist die Präfektur. Ob es da immer mit rechten Dingen zugeht, kann auch Frau Sophianou nicht sagen. Ärzte stellen Atteste aus, Beamte Lizenzen, und höhere Stellen entscheiden. Dass dabei fünfzehnjährige Mädchen zu Kriegsinvaliden werden könnten, wen in Griechenland würde das überraschen? Das Leben ist kein Zuckerschlecken. Erst recht nicht seit der Einführung des Euro. Jeder muss schauen, wo er bleibt. Jedes Jahr veröffentlicht *Transparency International* einen Korruptionsbericht. Von achtundzwanzig europäischen Staaten lag Griechenland 2006 an zweiter Stelle. Noch vor Italien. Seit Jahren bemüht sich der Staat, die Korruption in den Griff zu bekommen. Vergeblich. Immerhin, es gibt keine Auftragsmorde, und Schießereien sind selten. Griechen sind friedliche Menschen – und *ponirós*, gewieft. Für krumme Geschäfte und Vetternwirtschaft genügt ein Handy.

Geregelt ist übrigens auch, was am Kiosk verkauft werden darf. »Leider kontrolliert das die Stadt zu wenig«, sagt Frau Sophianou. Lax ist der staatliche Wille zu Kontrolle und Aufsicht. Lax ist das Rechtsempfinden der Bürger. Es wird verkauft, was Geld bringt. Gürtel, Seidenstrümpfe, Ledertaschen und Amulette gegen den bösen Blick. Griechen glauben an dunkle Kräfte, an den Antichrist und an die Vorsehung. An Gott glauben sie sowieso. Und sie glauben daran, dass kein Gesetz gottgegeben ist und schon gar nicht die Regierung. Zwischen 1827 und 2007 wurde der Posten des Premiers hundertfünfundachtzig Mal vergeben. Ein Postenkarussell, eine politische Kumpanei, in der nur an der Spitze bleibt, wer Nachkomme eines Volkshelden ist und seine Wähler zu beschenken versteht. Passt den Wählern etwas nicht in den Kram, streiken oder demonstrieren sie und fordern den Rücktritt der Regierung. Auf Lipsi, einer winzigen Insel des Dodekanes, ließen wütende Bewohner angereiste Parlamentarier nicht an Land. Sie blockierten den Hafen, weil Athen ihre Forderung nach besseren Schiffsverbindungen nicht erfüllte.

Man mag den Kopf schütteln über so viel Aufsässigkeit und zivilen Ungehorsam. Nicht vor jeder Autorität in die Knie zu gehen, das hat etwas Sympathisches. 2006 streikten die Angestellten der Athener Metro, die Professoren an der Universität, die Lehrer, die Polizei, die Hafenarbeiter, die Ärzte und wie immer die Müllabfuhr. Es demonstrierten Lkw-Besitzer, Bauern, Studenten, die Athener Pensionäre, und die Schüler verbarrikadierten sich in den Schulen. Über alles wird in Griechenland in den Medien berichtet, jeder Hühnerdiebstahl ist eine Meldung wert, und jeder kommt in den Fernsehnachrichten mal zu Wort: Mopedfahrer, Ziegenbesitzer, frierende Großmütterchen – und Verlobte von Kioskbetreibern.

Am 2. Oktober 1997 stellte Herr Trapezalidis vor seinem *periptero*, im Zentrum Athens, einen Riss im Boden fest. Besorgt meldete er den Behörden seine Entdeckung. Schon seit Tagen baute man fünfundzwanzig Meter unter ihm an der neuen Metro. Nein, der Riss sei kein Problem, teilte man Herrn Trapezalidis mit, alles sei in Ordnung. Am nächsten Tag saß seine Verlobte im *periptero* und schaute wie jeden Tag zum Fensterchen hinaus. Plötzlich begann alles zu wackeln und zu kippen. Mit einem Sprung rettete sie sich aus dem Kiosk, bevor er in der Erde verschwand. Ein paar Wochen später zogen Demonstranten durch die Athener Innenstadt. »Weg mit dem neuen Gesetz«, skandierten sie, »sonst ergeht es der Regierung wie dem periptero!«

Leben und Sterben in Mesohoria

Griechenlands Seele sind seine Dörfer. Doch sie sterben aus

Die Wände sind kahl. Farbe blättert. Das Zimmer ist winzig. Darin zwei durchgelegene Eisenbetten, zwei Holzstühle und ein Tisch mit Kerzen. Eine Glühbirne hängt von der Decke. Das weiße Kabel ist schwarz von Fliegendreck. Fliegen überall. Zwischen den Betten steht ein offener Sarg. In einem Blumenmeer liegt eine kleine Frau, spindeldürr, die Haut dünn und knittrig wie Pergament. Nur ihr Kopf ist zu sehen. Wächsern das zerfurchte Gesicht, eingerahmt von einem grüngelben Kopftuch, darauf ein Blumenkranz aus Draht, den die Tote zur Hochzeit trug, damals vor einundsiebzig Jahren. Maria Raptis, einundneunzig, geborene Charitou, Mutter von neun Kindern, Großmutter einer Schar von Enkeln, vom Leben gebeugt und vom Zucker fast blind, fiel in einer klaren Novembernacht 2005 ins Koma und starb noch am selben Tag. Das halbe Dorf hat sich im Hof der Raptis versammelt. Unter dem Maulbeerbaum rauchen die Männer und schwatzen. Sie trinken Cognac aus weißen Plastikbechern. Handys fiepsen. Im Haus, links und rechts vom Sarg, sitzen auf den Betten die Frauen. Krummbeinig, manche mit löchrigen Kniestrümpfen. Mit Fistelstimmen erzählen sie von Krankheiten und Schwiegermüttern. Eine macht einen Witz. Alles lacht. Eine Minute lang. Bis auch die Letzte verstummt und die Augen senkt. Nur das Schwirren der Fliegen ist zu hören. Dann blicken sie wieder auf die Tote zu ihren Füßen, und das hemmungslose Schluchzen und Jammern beginnt zum hundertsten Mal. So geht das schon die ganze Nacht. Kostas, neunzig, Marias Ehemann, das Taschentuch in den schwieligen Händen, seufzt und schweigt. Er ist der einzige Mann im Raum. Sein Schmerz ist ein ständiges, sachtes Kopfnicken, unterbrochen nur von den Beileidsbezeugungen eintretender Trauergäste. Zwei Töchter aus Athen treffen ein und zwei Enkelkinder. Wehgeschrei. Wehklagen. Der Pope kommt. Alles erhebt sich. Er schwenkt Weihrauch, zeichnet das Kreuz, küsst die Ikone im Blumenmeer. Der Trauerzug zieht zur Kirche, danach zum Friedhof. Allerletzte Worte. Wimmernd streut Kostas Weizenkörner auf das Grab. Sieben Monate später stirbt auch er. Dort wo die Zypressen gedeihen und wie spitze Türme in den Himmel ragen, dort auf dem Friedhof, füllt sich die Erde. Oberhalb davon, leert sich das Dorf. Gut siebzig Menschen leben in Mesohoria. 1950 waren es fünfhundert.

Mesohoria, auf Euböa gelegen, zwei Autostunden von Athen entfernt, ist ein Dorf wie jedes andere auch. Achtzig unterhalb eines kahlen Hanges verstreute Häuser. Aus Stein, aus Beton, schiefergedeckt, ziegelgedeckt, die Hälfte davon elf Monate im Jahr unbewohnt. Die Zimmer in den Häusern sind klein und mit dem Nötigsten möbliert. Tisch, Stuhl, Schrank, eine Neonröhre an der Decke. Wäsche flattert in den Höfen. Hühner gackern. Katzen sitzen auf rußgeschwärzten Backöfen und in Gärten. Die Gassen haben keine

Namen. Sie sind eng, krumm und steil und von schäumendem Abwasser überspült, sobald irgendwo eine Waschmaschine läuft. Eine Kanalisation fehlt bis heute. In der Dorfmitte die Kirche, unterhalb davon ein halbrunder, betonierter Platz. Pick-ups parken, auf der Ladefläche Wassertanks. Es gibt keine Geschäfte, kein Postamt. Eine Telefonzelle gibt es. Und drei *kafenions*, eine Taverne, einen Brunnen, Eukalyptusbäume, Oleanderbüsche, Maultiere, und in verfallenen Häusern nisten Tauben. Auch fünf Albaner wohnen in Mesohoria. Die jungen Männer misten Ställe aus, hacken Holz, scheren Schafe, sind Mädchen für alles.

Am Dorfrand stehen windschiefe Ställe aus rostigem Wellblech, das Dach mit Steinen beschwert, das Gattertor ein verwitterter Bettrost. In Richtung Meer Gemüsegärten, Olivenhaine, kleinwüchsige Weinstöcke und ein Bach, in dem im Frühling die Kröten quaken. Nachts flattern Eulen und Fledermäuse. Im Winter krächzen Raben auf grünen Feldern. Einen Dorftrottel gibt es ebenfalls. Lukas, sechsundfünfzig, sonnenverbrannt, mit blauen, unruhigen Augen und der Scheu eines ängstlichen Kindes. Er hat weniger Zähne im Mund als Finger an den Händen. Grauschwarze Haarbüschel ragen aus seinen Ohren. Lukas hütet Ziegen. Immer sieht man ihn allein. Im *kafenion* geben sie ihm manchmal Käse und Wein. Die Männer ziehen ihn gerne auf. »Na Lukas, mit welcher Ziege hast du es heute getrieben?«

Die Bewohner Mesohorias sind Arvaniten, Nachfahren albanischer Zuwanderer, die sich im 14. Jahrhundert im Süden Griechenlands niederließen. Bis heute sprechen sie *arvanítika*, eine albanische Mundart. Vor allem die Alten. Alte gibt es viele. Da ist Katherina, neunundachtzig, ledig und folglich kinderlos. »Ein vergeudetes Leben«, wie sie hier sagen. Alle drei Wochen färbt sie ihr graues, dünnes Haar. Mit ihrem großen Strohhut und der riesigen Sonnenbrille sieht sie aus wie eine alternde Diva. Da ist Panajotis, sechsundsechzig, Herrenhaarschneider. Seit einundfünfzig Jahren verpasst er den Männern im Dorf ein und denselben Haarschnitt, wäscht nicht, föhnt nicht, benutzt nach der Rasur Kölnischwasser. Auf dem nackten Betonboden stehen ein Stuhl und ein Tisch. Ein Spiegel hängt an der Wand. Das ist sein Friseurladen. Vom Stuhl und Tisch abgesehen, passt er mühelos in eine Tasche. Ist Panajotis nicht im Laden, fischt er oder harkt im Gemüsegarten. Vom Haareschneiden allein kann er nicht leben. Da ist Thanasis, einundachtzig, Urgroßvater, Exbürgermeister und Besitzer eines *kafenions*, in dem die alten Männer morgens und abends vor durchgebogenen Holzregalen sitzen, einfach dasitzen, stumm oder palavernd, Fliegen vom Weinglas scheuchen, auf den Fernseher starren und auf jeden, der zur Tür hereinkommt. Thanasis, auf dem linken Auge fast erblindet, erzählt oft vom Krieg. Von den Deutschen, die 1941 ins Dorf kamen, von ihrer »Disziplin«, ihrem »Gehorsam«. Dann grübelt er und sagt zum zigsten Mal: »Mit den Deutschen wären wir besser dran als mit diesem Kasperle-Staat«, und sofort bricht Streit aus zwischen den Männern. Hinterher sitzen sie schweigend vor dem brüllenden Fernseher, sehen zu, wie erfolgreiche Geschäftsmänner in Athen ihre Ehefrauen mit gefärbten Blondinen betrügen.

Jeden Abend dieselbe Seifenoper. Und da ist Sophia, sechsundneunzig. Unter dem Kopftuch schlohweiße Zöpfe, im Gesicht eine verbogene Hornbrille, die das Licht zu zwei hellen Flecken auf der papiernen Haut bündelt. Ihre Beine sind so krumm, ein Eimer Ziegenmilch fände locker dazwischen Platz. Die Dorfälteste soll sie sein. Die Unverwüstlichste ist sie allemal. Wann genau sie geboren wurde, weiß niemand. Zehn Minuten braucht sie von ihrer Haustür bis zum Hof ihres Sohnes Tassos, neunundfünfzig, humpelnd, den Krückstock in der knochigen Hand. Hundert Meter sind das. Den ganzen Tag sitzt sie im Hof, klopft Wäsche, flickt, schrubbt verbeulte Töpfe, ordnet Reisig. Manchmal geht sie auf »Weltreise«. Dann wackelt sie ins zweihundert Meter entfernte *kafenion* und kauft ein Eis.

Das Leben in Mesohoria ist ein langer, gleichförmiger Tag. Es wird hell und dunkel, es wird Sommer und Winter. Gäbe es nicht extreme Hitze und extreme Kälte und ab und zu ein Heiligenfest, nichts würde den einen Tag vom anderen unterscheiden: Das Melken der Schafe und Ziegen; das prasselnde Geräusch beim Füllen des Futtertrogs; die Bauern im Pritschenwagen, hinter ihnen ein Pulk trottender Schafe; das Umgraben der Frauen im Gemüsegarten; der herzzerreißende Eselsschrei mitten in der Nacht. Und jeden Tag kommen der Fischverkäufer und der Bäcker. Hupend fahren sie durchs Dorf und beschallen es mit Musik. Und jeden Abend steht der weiße Toyota des Dorflehrers vor dem *kafenion*. Nie würde Dimitris, vierundfünfzig, die dreihundert Meter zu Fuß gehen. »Wozu laufen, wenn man ein Auto hat?« Zu Fuß gehen die Alten. Im Schneckentempo, mit Gehstöcken, gebeugt, gekrümmt. »Jerásame, jerásame«, sagen sie, »Alt sind wir geworden.« Lautstark, weil sie schlecht hören, reden sie drauflos. Erzählen, wie es war, als die Familie im Sommer in steinernen Katen lebte, weit entfernt außerhalb des Dorfes. Als sie Bohnen zogen und im Juli den Hafer einbrachten. Ihre Sprache ist so schmucklos wie die Kate, in der sie lebten. Die Wenigsten können lesen und schreiben. Dass der Mensch den Mond betrat, daran können sie nicht glauben. »Was ist dort schon zu finden?« Einmal in der Woche kommt der Arzt und schreibt in ihr zerknittertes Krankenkassenbüchlein Wörter, die sie nicht verstehen. Nicht Diagnosen wollen die Marias und Kostas. Sie wollen Tabletten. Den Kindern in der Stadt schicken sie Eier, Käse, Fleisch, Tomaten, Salat, Öl und Brot. Sie sammeln Mandeln und Feigen, pflücken Oliven, rupfen Hühner, schlachten Ziegen und Lämmer. Weil es in den Städten keine Gemüsebeete gibt, keine Olivenbäume und keine Schafe, sagt Thanasis. Von ihren zweihundertfünfzig Euro Monatsrente sparen sie Geld für die Enkelkinder. Weil die *frondistíria*, die privaten Nachhilfeinstitute, so teuer sind, sagt Maria. Der Familie muss man helfen, sagen die Alten. Es war nie anders. Die Dörfer sind das Herz des alten Griechenlands. Sie sind die Ackerkrume, die Brot gibt. Aber das Herz schlägt schwach, und es fehlen die Menschen, um den Acker zu pflügen. Häuser werden geschlossen. Felder und Terrassen verwildern. Sie werden zu Brachflächen, zur Spielwiese für Bodenspekulanten, zu Bauland für »traditionelle«

Häuser und »traditionelle« Tavernen. Aber mit der Tradition ist es wie mit der Ursprünglichkeit. Sobald man sie in Anspruch nimmt, löst sie sich auf in Nichts.

Vierzehn Kinder leben in Mesohoria. Jannis, ein Jahr alt, ist der Jüngste. Jeden Morgen kommen Taxis und bringen die Kleinen zur Schule in die benachbarten Dörfer. Fünfundzwanzig Jahre lang wusste der Dorflehrer Dimitris nicht, wohin mit so vielen Kindern. Zuletzt stand er vor drei Schülern. 2004 wurde die Schule geschlossen. Der Bevölkerungszuwachs Griechenlands beträgt 0,2 Prozent. Kinderreiche Familien gibt es nur in den Träumen der Popen und Politiker. Wer jung ist, will *kósmos*, will Leben, sehnt sich nach Modernität, zieht in die Stadt, am besten nach Athen, dorthin, wo es richtige Arbeit gibt und Geld und Freiheit und wo der Abend nicht um neun Uhr endet.

Vierzig Jahre beträgt das Durchschnittsalter landesweit. In Mesohoria liegt es irgendwo bei fünfundsechzig. Keine Seltenheit. Im benachbarten Karalides kommen die fünf Frauen und drei Männer locker auf fünfundsiebzig. Die Dörfer vergreisen. Sie sterben aus. Auf dem Land läuten die Totenglocken. Ortschaften werden zu musealen Geisterdörfern mit Öffnungszeiten von Freitag bis Sonntag. Ein Riss geht durch Griechenland. Ein Riss zwischen Athen und dem restlichen Land. Zwischen einer Stadt mit Industrie, Banken, Universitäten, Kliniken, einer Stadt, die alles bietet und in der jeder die Leiter emporklettern kann. Und zwischen einem Land mit holprigen Straßen, wackeligen Strommasten und einer medizinischen Versorgung, vor der es jedem graut.

Athen, das ist Macht, Glanz, Ansehen. Sie ist die alles beherrschende Stadt. Sie ist ein Magnet. In ihr wird regiert und verwaltet. In ihrem Ballungsraum lebt jeder zweite Grieche. Das sind fünf Millionen Menschen, und beinahe alle stammen vom Land. 1821 lebten fünftausend Einwohner in Athen. Bis ins späte 19. Jahrhundert existierte keine nennenswerte Großstadt. Echte Großstädte gab es nur zwei, Thessaloniki und Konstantinopel. Und Thessaloniki lag bis 1912 im Osmanischen Reich. Heute liegt die Bevölkerungsdichte Athens bei EU-rekordverdächtigen siebentausend Einwohnern pro Quadratkilometer. Auf dem Lande sind es gerade mal einundachtzig. Vierundsechzig Prozent der Bevölkerung leben in Städten oder städtischen Regionen. Und der Zustrom in die Stadt hält an. Weltweit. Wer kann, wer möchte schon Lehrer oder Arzt in einem Ziegendorf sein? Was anderswo Landflucht heißt, nennen die Griechen *astifilía* – Freund der Stadt. Freund, weil die blanke Not sie aus den Dörfern in die Stadt und in fremde Länder trieb. Aus Dörfern, in denen Kinder barfuß Schafe hüteten und die zehnköpfige Familie winters neben dem Vieh schlief. Das Land war der Inbegriff der Armut und der Rückständigkeit. Und in den Köpfen vieler ist es das noch immer. Vor allem Frauen fliehen in die Städte. In Zacharo, einem Dorf auf dem Peloponnes, erklärte der Bürgermeister den Frauenschwund kurzerhand zur Chefsache. Er ging auf die Suche nach heiratswilligen Frauen – und fand sie in Russland. Dort, in der Stadt Klin, gab es nicht genügend Männer. Die Griechen reisten also nach Russland, in der Hoffnung, Ehefrauen zu finden.

Vierzig Russinnen gaben ihr Jawort und zogen nach Zacharo. Jetzt sind Kinder unterwegs. Zacharo wächst! Und der Bürgermeister darf sich freuen, wieder gewählt zu werden. Andere Dörfer wollen dem Beispiel folgen.

Eine Wohlstandskluft trennt die Stadt vom Land. Und die Kluft wird größer. Abgeschlagen und in schäbigen Kleidern hinkt das Land wie ein alter Mann dem 21. Jahrhundert hinterher. Bis in die Achtziger waren manche Regionen abgeschottet von der Gegenwart: Epirus, Roumeli, Euböa. Als Strom nach Mesohoria kam, begann die Neuzeit. Es kam die Straße, es kamen Busse, Autos, das Telefon, und in den Häusern floss Wasser aus dem Hahn. Das war 1967. 1869 fuhr die erste Metro in Athen.

Der Winter ist die Jahreszeit der Unbequemlichkeiten. Überall ist es feucht und kalt. In den Häusern, im *kafenion*, in der Kirche. Der Wind kriecht unter die Türen, weht durch Ritzen ins Zimmer. Kein Haus in Mesohoria ist für Temperaturen unter zehn Grad gemacht. Röhren und knattern auf den Feldern die Kettensägen, steht der Winter vor der Tür. In den Gassen und vor den Häusern türmt sich Brennholz. Aus Ofenrohren steigt Rauch. In Jacken sitzen die Leute vor dem Kamin. Mit warmen Knien und kalten Rücken. Sie schauen auf den Fernseher, sehen vom Schnee abgeschnittene Dörfer, ohne Strom, ohne Telefon, ohne Wasser. Reporter sprechen mit aufgebrachten Menschen. Jeden Winter dieselben Bilder. Manche in Mesohoria haben Zentralheizung. Das wärmt. Bis der Strom ausfällt. Weil es stürmt oder schneit oder regnet oder es zu lange nicht geregnet hat. »Ti na kánume«, sagen sie dann, »Was soll man machen?« »Étsi íne« – »So ist es halt.«

Schneit es, erstarrt das Dorf. Es sind die Tage der Scherenschnitte. Die Farben erlöschen. Nur die Zitronen und die Orangen leuchten wie Weihnachtskugeln aus dem Weiß. Kniehoch liegt der Schnee. Schnee bedeutet Ausnahmezustand. Nichts geht mehr. Nicht in Mesohoria. Nicht in Griechenland. Aber kein Räumfahrzeug kommt, nicht der Fischverkäufer, nicht das Schultaxi, auch kein Reporter. Ohne Grund verlässt niemand das Haus. Erst recht nicht die Kinder. Menschenleer die Gassen. Ab und zu stapft ein Bauer in Gummistiefeln zum Stall, die Ohrenschützer heruntergeklappt. Vor Weihnachten quieken die Schweine. Ihre grellen Schreie jagen durch die Gassen. Blut fließt die Treppen und Gassen hinab, vorbei am *kafenion*. Es sind die Tage der langen Messer. Der Weihnachtsbraten wird zubereitet. In den roten Lachen spiegelt sich der kalte Dezemberhimmel. Eiskalt ist auch das Leitungswasser, weil die Rohre nicht tief genug liegen. Gibt es kein Wasser, weil die Dorfpumpe nicht funktioniert, holen es die Frauen vom Brunnen. »Ti na kánume« – »Was soll man machen?« »Étsi íne« – »So ist es halt.«

Abends mittelalterliche Dunkelheit. Totenstille. Ohne Strom ist das Leben im Winter ein leises, dunkles Dasein. Hinter den Fenstern schimmert das schwache Licht bronzener Petroleumlampen. Im *kafenion* flackern zwei Kerzen. Ein aufgeweichter Karton liegt als Fußabtreter auf dem nassen Fußboden. Um den Kanonenofen sitzen drei Männer und werfen Schatten an die kahle Wand. Sie reiben sich die Hände. Atemwolken schießen aus ihrem Mund. Sie starren auf den Ofen und aufs Handy. Irgendwie muss die Zeit vergehen. Nie würden sie eine Zeitung in die Hand nehmen. Nie sieht man jemanden ein Buch lesen. Lukas kommt zur Tür herein, Schnee in den zerzausten Haaren. »Na Lukas, mit welcher Ziege hast du es heute getrieben?«

Der August ist der Monat archaischer Bilder. Hitze flimmert. Ölbäume stauben. Die Erde ist rissig, und auf den Feldern, steinig und strohgelb, stehen Schafe, die Köpfe zusammengesteckt. Stundenlang stehen sie in der Bruthitze da ohne sich zu rühren. Zirpen keine Zikaden, herrscht unerhörte Stille. Auf den Feldern und im Dorf. Nicht mal die Vögel zwitschern. Die Menschen haben sich verbarrikadiert. Die Hitze belagert das Dorf. Türen und Fensterläden sind geschlossen, die *kafenions* leer. Kein Mensch in den Gassen. Kein »ti kánis?«, kein »wie geht's?« In kühler, schützender Dunkelheit liegen die Leute auf Betten und Sofas. Moskitos schwirren. An den Wänden klettern Geckos. Die Zeit klebt. Selbst Sophia, die Dorfälteste, ist nirgends zu sehen. In den Betonhäusern mit Flachdach steigt die Temperatur auf siebenunddreißig Grad. Alles glüht. Fenster, Wände, Regale, Geschirr. Um sieben Uhr abends wird die Sonne gnädiger. Aber es kühlt nicht ab. Stimmen erheben sich. Fenster werden geöffnet. Das Dorf erwacht. Bis Mitternacht sitzen die Leute vor den Häusern und reden. Oder sitzen einfach da und schauen in die Nacht. Nie haben sie das Gefühl, Zeit zu vergeuden. Zeit ist immer da. Sprüht es in den Strommasten Funken, fällt bald wieder der Strom aus. Weil es staubig ist und Staub die Leitungen verklebt. Irgendwann kommen die Männer von der Elektrizitätsgesellschaft. Sie steigen auf jeden Mast und spritzen Wasser auf die Kabel. So ist der Sommer. So ist es jedes Jahr.

Der August ist der Monat der Heimkehr. *Ta bánia tou laoú* – »der Badeurlaub der Nation« wird die Ferienzeit auch genannt. Höhepunkt ist Mariä Entschlafung, der 15. August. Dann kommen sie in Jeeps aus den Städten nach Mesohoria angefahren, die Söhne, Töchter, Enkel, Onkel, Urenkel, die vor Jahrzehnten nach Australien und Kanada Emigrierten, die jetzt Steve und John heißen und jährlich wie Fische zum Laichplatz ins Heimatdorf zurückkehren. Auf dem Dorfplatz lärmen Kinder. Familie und Freunde aus Athen sitzen auf Balkonen, sie plappern laut und stundenlang, sie grillen und fahren an den Strand. In den sonst verschlossenen Häusern brennen Lichter. Die Gassen sind zugeparkt. Sogar der Ein-Mann-Zirkus kommt angereist. Vor dem *kafenion* lässt ein Zauberer Münzen und Bierflaschen verschwinden, Hunde tippeln auf Vorderpfoten. Applaus. »Das Landleben ist schön«, sagen die Städter. Baufieber hat Mesohoria ergriffen. Die Grundstückspreise explodieren. Am Meer werden Ferienanlagen gebaut, im Dorf alte Häuser renoviert und neue errichtet. Aber es sind potemkinsche Bauten. Als Dorf hat Mesohoria ausgedient. Mit seinem Blick aufs Meer und seinen zwei Stränden ist es zum Bühnenbild geworden, zur Kulisse für Urlaub machende Freizeitdorfbewohner.

Der August ist auch der Monat der Mandeln

und Feigen. Reif und schwer hängen sie am Baum. Irgendwann, nach Mariä Entschlafung, fallen sie zu Boden. Niemand, so hatte Maria Raptis vor ihrem Tod gesagt, niemand liest sie mehr auf.

Die große Wanderung

Vom traditionellen Auswandererland zum überforderten Einwanderungsland. Griechenland zwischen Multikulturalität und Ethnozentrismus

Irfan Malik, zwanzig, das Haar akkurat gescheitelt, die Augen mandelförmig und braun, hat nie etwas Illegales getan. Er trinkt keinen Alkohol und raucht nicht. Freitags betet er in der Moschee seines Dorfes Bhagwalawan, im Pandschab, Pakistan. Mit sechzehn verlässt er die Schule. Er handelt mit Scheren und Nagelfeilen. Aber seitdem die aus Afghanistan und Bangladesch eingewanderten Händler ebenfalls mit Scheren und Nagelfeilen handeln, fallen die Preise. Und eine andere Arbeit findet er nicht. Er spürt, so geht es nicht weiter. Im Fernsehen sieht er, wie die Menschen in Europa leben. Daheim sieht er, wie seine Familie lebt. Sieben Geschwister, Eltern und Großeltern in zwei Zimmern, und als Einziger hat der Vater Arbeit. Hundertfünfzig Euro verdient er im Monat. Irfan hält es nicht für gottgegeben, dass Europa reich und unerreichbar und Pakistan arm und für immer sein Wohnort bleiben muss. Andere aus seinem Dorf sind nach Europa gegangen. Warum nicht er? Im Internet liest Irfan von Menschen, die versuchen, Europa zu erreichen. Manche sterben unterwegs. Andere erreichen den gelobten Kontinent erst nach Jahren. Irfan will ankommen, lebend und schnell. Sein Vater beschafft fünftausend Euro. Am liebsten möchte Irfan nach Großbritannien oder Deutschland. Doch die Schlepper verlangen viel Geld. Fünftausend Euro reichen nur bis nach Griechenland. Ein Land, das Irfan nicht kennt, in das man ihn aber »problemlos« schleusen werde, versichern die Schlepper. Griechenland, das sind dreizehntausendsechshundert Kilometer Küste und poröse Grenzen, die schlecht zu sichern sind. Griechenland, das ist Schengenland und Zwischenstation auf dem Weg nach Großbritannien und Deutschland. Im Februar 2006 fliegt Irfan nach Istanbul. In einem fensterlosen Ambulanzwagen werden er und dreizehn weitere Flüchtlinge zum Grenzfluss Evros gekarrt. Sie werfen ihre Papiere weg. Nichts darf ihre Herkunft verraten. In einem Schlauchboot setzen sie nachts ans andere Ufer über, schlängeln sich vorbei an vierundzwanzigtausend Minen. Dutzende Flüchtlinge sterben hier jedes Jahr. Irfan Malik ist am Ziel seiner Sehnsucht: Griechenland, Europa. Einen Tag später ist er in Athen.

Er schläft, trinkt Tee, isst Reis, starrt an die Decke. Er meidet jedes Geräusch. Er geht nicht aus dem Haus. Acht Tage lang. Aus Furcht, entdeckt und zurückgeschickt zu werden. Stimmen und Autolärm dringen durchs Fenster. Irfan Malik hört sein neues Leben und denkt an sein altes. Abends kommt der Bruder, bei dem er Unterschlupf fand. Sie essen Reis, trinken Tee. Ein Bruder, das ist ein Mann aus demselben Dorf wie er: aus Bhagwalawan. Ein Bruder, das ist jemand wie er: ein Pakistaner in der Fremde, ein Illegaler in Athen. Jetzt steht Irfan Malik an der Ecke Menandrou und Sofokleous, drei Straßen vom Athener Rathaus entfernt, und verkauft SIM-Karten fürs Handy, das

Stück zu 4,50 Euro, Gewinn fünfzig Cent. Männer in Dschellabas laufen vorbei. Aufschriften in Urdu und Arabisch zieren die Geschäfte. Es gibt fliegende Händler, die auf dem Gehweg Tücher ausgebreitet haben, darauf Zwiebeln, Tomaten, Uhren, Batterien. Es gibt Männer, die gestohlene Handys verhökern und Hasch verkaufen. Es gibt pakistanische Restaurants und Geschäfte, pakistanische Videofilme und pakistanische Zeitungen. Man kann in Karachi anrufen, E-Mails und Geld nach Islamabad schicken oder an jeden anderen Ort auf der Welt. Man kann Cricket spielen und Pilgerfahrten nach Mekka buchen. Es ist ein bisschen wie in Irfans Heimatland. Fast alles ist da. Auch eine Moschee in der Sofokleous, ein Zimmer in einem heruntergekommenen Gebäude, dritter Stock, Eingang am Ende des Ganges rechts. Seit Monaten steht Irfan jeden Tag an dieser Ecke. Es ist sein Arbeitsplatz. Er nennt ihn Basar. Eine Straße weiter liegt Psirri. Ein Viertel, das Irfan nicht kennt. Ein Viertel, in dem Athener und Touristen in Kneipen sitzen, sich zum Essen treffen, trinken, tanzen, flirten. Sie wissen nichts von Irfan, nichts von dieser kleinen Dritten Welt mitten in der Ersten. Drei Gehminuten liegen zwischen ihnen. Es könnten ebenso gut drei Lichtjahre sein.

1,1 Millionen Flüchtlinge, Migranten leben in Griechenland, legal und illegal. Aus Afrika und Asien, aus dem Balkan und der ehemaligen Sowjetunion. Das sind zehn Prozent der Bevölkerung. Ein rasanter Anstieg, denn 1981 waren es hundertsechsundsiebzigtausend. Der Mensch ist sesshaft und doch ein Reisender. Schon immer war er auf

Wanderung. Er sucht Orte, an denen er leben kann, manchmal nur überleben. Er sucht Rohstoffe und Arbeit. Manchmal nur ein Stück Erde, auf dem es regnet. Manchmal Strom. Meistens ein besseres Leben. Vor fünfzig Jahren verdienten die Menschen in den reichsten Ländern der Erde fünfzig Mal so viel wie jene in den ärmsten. Heute ist es hundertdreißig Mal so viel. Also wandern die Armen zu den Reichen. Vor zweitausendsiebenhundert Jahren verließen Hellenen ihr Heimatland. Innere Konflikte, Überbevölkerung und Unzufriedenheit waren die Gründe. Sie segelten an die Küsten des Schwarzen Meeres, ließen sich im ganzen Mittelmeerraum nieder. Sie gründeten Trabzon und Marseille, Byzanz und Neapel, sie kolonisierten weite Teile der damals bekannten Welt. Über Jahrhunderte hinweg blieben sie mit der Metropole verbunden. Metropole ist griechisch und heißt Mutterstadt. Im 19. Jahrhundert suchten hunderttausend Griechen ein besseres Leben im Kaukasus. Zu Beginn des Ersten Weltkriegs lebten hundertfünfzigtausend in Ägypten. Später kehrte sich der Menschenstrom um. Eineinhalb Millionen Griechen flüchteten 1922 aus Kleinasien nach Griechenland. Zweihunderttausend verließen zwischen 1950 und 1970 Ägypten, Libanon, Nigeria, Kongo, den Sudan und die Türkei. Dann kamen Tausende Griechen aus Zypern und die Griechen aus den ehemaligen Sowjetrepubliken und Teile der griechischstämmigen Minderheit aus Albanien. Und immer wieder rollten Emigrationswellen über das Land. Die größten in den Jahren 1890 und 1950. Hunderttausende gingen nach Amerika, Australien, Kanada,

Argentinien, Südafrika. Aus Armut, Not, Hunger, Perspektivlosigkeit. Dort nähten sie Kleider und tauchten nach Schwämmen, gruben in Minen, eröffneten Geschäfte. Wie andere Fremde wurden auch sie beschimpft, manchmal bedroht. Von Nachbarn, vom Ku-Klux-Klan. Weil sie keine Protestanten seien, weil ihre Haut dunkel sei, weil sie anderen die Arbeit wegnähmen. In den Sechzigern und danach gingen sechshundertfünfzigtausend als Gastarbeiter nach Deutschland, Belgien und Schweden. Sechs Millionen Griechen oder Menschen griechischer Abstammung leben heute im Ausland. Zeichnete man alle Wanderungen der Griechen als Pfeile auf einer Weltkarte ein, sie sähe aus wie eine durcheinandergeratene Klimakarte. Die Geschichte der Griechen ist die Geschichte unzähliger Wanderungen.

Das Ende der Militärdiktatur war das Ende der Auswanderung. 1981 trat Griechenland der EU bei. Geldpakete aus Brüssel fielen über Athen vom Himmel, und dort, wo die griechische Regierung das Geld ausgab, machte sich langsam Wohlstand breit. Er erlaubte es den Griechen, selbst Gastarbeiter zu beschäftigen. Polen zogen als Handwerker ins Land. Afrikaner kamen zum Studium. Und schon vor dem Beitritt zur EU lebten Ausländer in Griechenland: Ägypter und Palästinenser und Zehntausende philippinische Kindermädchen, die sich um den Haushalt vermögender Griechen kümmerten. Aber man sah die Fremden nicht. Wie weggeschlossen lebten sie. Dann brach Anfang der Neunziger der Kommunismus in Osteuropa zusammen und die Grenzen zu den Nachbarstaaten wurden löchrig. In Schlauchbooten, auf rostigen Frachtern, in Lastwagen und zu Fuß erreichten Migranten das Land. Allein siebenhunderttausend Albaner sollen es bis 1997 gewesen sein. Kurden kamen, Iraker, Afghanen, Chinesen, Sudanesen, Pakistaner, Nigerianer, Ukrainer, Brasilianer, Menschen aus Ländern, von denen manche Griechen allenfalls den Namen kennen. Und sie kommen noch immer. Der Ansturm traf das Land völlig unvorbereitet. Glaubt man den nachlässig geführten Statistiken, lebten in Griechenland bis 1991 achtundneunzig Prozent Griechen, von denen achtundneunzig Prozent christlich-orthodox sind. Eine Folge von Krieg und Vertreibung und einer jahrzehntelangen Hellenisierung, die andere Bevölkerungsteile zur Auswanderung oder Assimilierung zwang. Aus dem Vielvölkergemisch, aus der alten osmanischen Welt entstand im 20. Jahrhundert ein homogener Nationalstaat ohne nennenswerte Minderheiten. Ein Volk mit einer Sprache, einem Glauben, einer Kultur. Ein Traumland für patriotisch gesinnte Erzbischöfe und Politiker.

Nun sind Massen von Menschen im Land, die nicht griechisch sprechen, die schwarz sind, Turbane und Saris tragen, die Tikka Masala und Yamswurzeln essen, die sich zum Aschura-Fest blutig geißeln, die an Allah oder Schiwa glauben, an Voodoo-Zauber oder an gar nichts. Menschen, die nichts zu tun haben mit dem Selbstbild der Griechen. Das schürt Ängste. Es verunsichert. Der Orientalist und Philologe Jakob Philipp Fallmerayer, 1790 in Südtirol geboren, vertrat die These, die Griechen der Neuzeit seien hellenisierte Slawen und Albaner. Kein Tropfen althellenischen Blutes fließe ungemischt in den Adern der jetzigen Neugriechen, befand er und kränkte damit eine ganze Nation. Seine Behauptung löste Schockwellen aus. Noch heute fahren viele Griechen aus der Haut, wenn man auf Fallmerayer zu sprechen kommt. Seit der Gründung des neuen Staates und seitdem europäische Philhellenen ihren Traum von der Wiedergeburt des antiken Griechenlands in die Welt setzten, beschäftigt die Griechen die Frage nach der eigenen Identität. Sie graben in der Erde nach ihr, sie suchen sie in der Geschichte, in der Sprache, in Mythen, im orthodoxen Glauben. Konstantinos Kavafis, der 1863 in Alexandria geborene Dichter, machte sich ebenfalls Gedanken über die Frage nach der eigenen Identität. Nicht Hellene sei er, sondern hellenisch!, vertraute er den Freunden an.

George Koyienyah, einundfünfzig, spricht fließend griechisch. Er mag den lässigen Umgang der Griechen, ihre Freundlichkeit, ihr warmes Temperament, »aber ein schwarzer Grieche zu werden, ist unmöglich«, sagt der Kenianer. 1985 kam er zum Studium nach Athen. Er brach die Uni ab und blieb. »Es war besser, als nach Kenia zurückzukehren.« Er fand Gelegenheitsjobs, illegal, aber es reichte zum Leben. Er spürte die Blicke der Menschen im Bus und in der Metro, sah, wie sie Abstand hielten. »Heute starrt dich keiner mehr an. Aber als Kellner oder Verkäufer werde ich nie Arbeit finden. Dafür brauchst du eine weiße Haut.« George ist Tellerwäscher, Lagerarbeiter, Küchenhilfe. Er macht Jobs, die in Hinterzimmern erledigt werden. Zirka fünfhundert Kenianer leben in Griechenland. George ist Präsident der kenianischen Kommune. Im Athener Viertel Patissia haben sie einen Kulturclub gegründet, ein leerer Kellerraum mit fünf Stühlen und Schimmel an den Wänden. Dort trinken sie abends Bier, machen Musik, reden, tauschen Handynummern aus. Rufen sie ihre Verwandten in Kenia an, erzählen sie vom Alltag in Europa. Wie die Menschen auf der Straße durch sie hindurchsehen, wie viel Geld sie brauchen, um leben zu können, sagen sie nicht. Auch kein Wort über die Willkür und das Chaos auf den Ämtern. Wer eine Aufenthaltsgenehmigung besitzt, hat das Recht, einen Antrag auf Verlängerung zu stellen. »Manchmal schicken sie dich einfach weg«, sagt George, »und dann bist du monatelang ohne gültige Papiere.« So werden Legale illegal, und die, die überhaupt keine Papiere haben, bleiben sowieso illegal und arbeiten weiter und hoffen auf die nächste Amnestie. Gut siebenhunderttausend Migranten bekamen inzwischen eine Aufenthalts- und Arbeitserlaubnis. Auf dem Papier wurde ihr Status legalisiert. Aber Papiere schützen nicht vor der Macht launischer Beamter. Eine Erfahrung, die auch Griechen machen. Beim Finanzamt, auf der Passbehörde, im Rathaus.

Die Griechen wollen Ausländer, weil sie als Arbeitskraft billig sind. Die Griechen wollen keine Ausländer, weil sie Veränderungen fürchten. Vor allem aber haben sie Angst vor Überfremdung. Griechen schwanken zwischen einem Gefühl der Unterlegenheit und einem Gefühl der Einzigartigkeit. Griechen wollen keine Albaner oder Bulgaren als Nachbarn, obwohl sie, geografisch gesehen, Nachbarn sind. Neben Deutschen oder Franzosen zu wohnen, ist kein Problem. Migranten aus dem Balkan und der Dritten Welt gegenüber ist der Umgangston oft rau und das Benehmen barsch. Deutschen oder Franzosen gegenüber tritt man stets freundlich auf. Selten jedoch entgleist die Fremdenfeindlichkeit in Gewalt. Es existieren keine »No-go-Areas«, und kein dunkelhäutiger Migrant muss Angst haben, nachts von angetrunkenen Jugendlichen »geklatscht« zu werden.

Manche Griechen sagen, die Fremden sollten zurück in ihr Land. Andere sagen, sie nähmen ihnen Arbeit weg. Auf allen Baustellen arbeiten Albaner. Sie bauen Häuser und Straßen für die Griechen. Neunzig Prozent aller Erntehelfer sind Migranten. Das Obst und Gemüse für die Straßenmärkte Athens setzen und pflücken Inder und Bangladescher für drei Euro die Stunde. Die hilfsbedürftigen älteren Griechen, die allein in der Stadt leben, werden von Bulgarinnen und Georgierinnen versorgt, weil es in Griechenland so gut wie keine Altersheime gibt. Griechen werden Ärzte, Juristen oder suchen Arbeit beim Staat, als Lehrer, Sachbearbeiter, mit fester Anstellung, festem Gehalt und einer Sozialversicherung. Wer möchte schon für ein Taschengeld auf dem Feld ackern und am nächsten Tag womöglich gefeuert werden? Wer will schon altersschwache Menschen waschen und füttern, wenn der Monatslohn dreihundertfünfzig Euro beträgt?

»Das Land braucht Migranten. Aber eine konsequente Immigrations- oder Integrationspolitik gibt es nicht«, sagt der Journalist Gazmed Kaplani, vierzig, geboren in Lousnia, Albanien. 1991 schlich er über die Grenze. Er studierte an der Athener Universität und arbeitet heute für eine griechische Zeitung. Er schrieb ein Buch über seine Erfahrungen als albanischer Flüchtling. »Die Albaner sind das Alter Ego der Griechen«, sagt Gazmed. »Mit Mühe haben viele Griechen versucht, ihre ärmliche Vergangenheit zu vergraben, da taucht plötzlich der bettelarme Albaner auf.« Ein Echo aus der eigenen dunklen Zeit. Als die ersten Albaner ins Land kamen, waren viele Griechen entsetzt über so viel Armut. Sie gaben ihnen Essen, Kleider, einen Platz zum Schlafen und Arbeit. Sie ließen sie taufen, nannten sie Panajotis, Michalis, Maria. Ein Jahrzehnt später ist das Wort Albaner ein Schimpfwort. Ein Albaner, das ist ein Knecht, roh und ungebildet. Das ist jederzeit verfügbare Arbeitskraft. Seit die Presse mit Vorliebe über von Albanern begangene Einbrüche und Diebstähle berichtet hat, ist ein Albaner so etwas wie ein Krimineller. Fünfundsechzig Prozent aller Migranten in Griechenland sind Albaner. Keine andere Volksgruppe ist so integriert wie sie. Viele Griechen in den Dörfern sind mit Albanerinnen verheiratet, weil Griechinnen ein Leben in der Stadt vorziehen. Albaner leben, wo es Arbeit gibt. Irgendeine. In Athen, in der Mönchsrepublik Athos, auf dem Dodekanes. Sie pflücken Orangen und Oliven, mischen Zement, betonieren. Sie stehen morgens an Straßenkreuzungen und warten darauf, dass einer mit dem Pritschenwagen vorbeifährt und ihnen zuruft: »Dreißig Euro. Spring auf!« Sie kellnern, hüten neun Millionen Schafe. Manche sparen Geld und schicken es nach Hause. Andere besitzen Grundstücke und Geschäfte. Sie sprechen fließend griechisch, und ihre Kinder lassen sie taufen. Ohne die Albaner, so geht ein Witz, hätten die Olympischen Spiele 2004 auf einem Acker stattgefunden. Siebzig Prozent aller ausländischen Schüler sind albanische Kinder. Manche von ihnen gehören zu den Besten. Odysseas Tsenai, ein Junge aus einer Stadt nahe Thessaloniki, war einer von ihnen. Dem Schulbesten gebührt die Ehre, zu den Nationalfeiertagen am 25. März und 28. Oktober die Nationalflagge zu tragen. Zwei Mal war Odysseas Schulbester. Zwei Mal besetzten seine Mitschüler und ihre Eltern die Schule. Sie waren dagegen, dass ein Albaner die Nationalflagge trägt. Zwei Mal verzichtete Odysseas darauf, die Fahne zu tragen. Trotz Zurede und Beistand von den Lehrern. »Ich dachte, die Gesellschaft kann sich verändern. Ich bin sehr enttäuscht«, erklärte er in einem Interview. Amerikanische Griechen verschafften ihm ein Stipendium in den USA. Heute studiert er in Boston an der Universität.

»Die Albaner sind Griechenlands soziales Problem. Ihre Akzeptanz ist gering«, sagt Gazmed Kaplani. »Griechen betrachten die Welt mit einem Gefühl kultureller Überlegenheit. Vor allem auf Albaner schauen sie herab.« Die Gewissheit, ein besonderes Volk zu sein, schöpfen viele Griechen aus dem Glauben, direkte Nachkommen der antiken Philosophen und Denker zu sein. Weil die Sprache des Neuen Testaments Griechisch ist und die frühen Missionare griechisch sprachen, glaubten die Kirchenväter gar an eine göttliche Erwählung, an das neue Volk Gottes. Das antike Griechenland ist die Wiege Europas. Das moderne

Griechenland ist ein kleiner Staat im Süden des Balkans, ein Staat, der noch nicht gelernt hat, klein zu sein. »Migration ist eine Realität. Doch die Menschen verschließen davor die Augen. Lieber schauen sie weg«, beklagt Gazmed. Oder werfen Migranten kurzerhand aus dem Land. 1994 wurden laut der NGO Greek Helsinki Monitor hunderttausend Albaner in ihr Heimatland deportiert. Schlimmer noch sind die Vorwürfe des UN-Flüchtlingshilfswerk UNHCR. 2006 soll die griechische Küstenwache vor der Insel Chios Flüchtlinge festgenommen und sie vor dem türkischen Festland wieder ins Meer geworfen haben. Sechs Menschen ertranken. Aber auch das ist Griechenland: Juristen, die Flüchtlinge kostenlos beraten, Lehrer, die Sprachunterricht anbieten, Menschen, die sich mit den Nöten der Emigranten identifizieren und ihnen helfen.

An vieles haben sich die Griechen gewöhnt. An Pakistaner, die an Tankstellen bedienen. An Chinesen, die Kleider zu Spottpreisen verkaufen. An die verschwitzten Männer in fleckigen Dschellabas, die an Straßenkreuzungen für ein paar Cent Autoscheiben putzen. Neu hingegen ist der beschlossene Bau einer Moschee in Athen. Ein heikles Thema. Moscheen gibt es in Thrakien, wo griechische Muslime leben. Eine Moschee in Athen dagegen schien lange undenkbar. Seit 1939 werden im Parlament regelmäßig Anfragen zum Bau einer Moschee eingereicht, Beschlüsse versprochen und wieder vergessen. »Auf dem Papier wurden bereits zig Moscheen in Athen gebaut«, spottete die Tageszeitung *Eleftherotypia*. Immer kam etwas dazwischen. Die Bedenken des Metropoliten. Das Unbehagen der Bürger. Die Sorgen der Politiker, weil Politiker sich vor allem um eines sorgen – um ihre Wiederwahl. Zweihunderttausend eingewanderte Muslime leben heute im Großraum Athen. Bisher beteten sie in Wohnungen und Hallen. Nun soll im Stadtteil Elaionas endlich eine Moschee gebaut werden.

Bis dahin betet Irfan Malik weiterhin in der Sofokleous, dritter Stock, Eingang am Ende des Ganges rechts. Er ist umgezogen, teilt sich nun mit vier Brüdern drei Zimmer. Vierhundert Euro macht er im Monat mit den SIM-Karten, hundert bleiben. Die schickt er in sein Heimatdorf, um die Familie zu unterstützen und die geliehenen fünftausend Euro abzubezahlen. Er hat einen Asylantrag gestellt und darf weitere sechs Monate bleiben. Er hofft auf ein bessere Arbeit und auf dauerhafte Papiere. Irfan Malik ist zufrieden. Gott meine es gut mit ihm, sagt er.

Das Wunder der Ägäis

Nichts ist so tief verwurzelt wie die christlich-orthodoxe Tradition. Eine Pilgerfahrt nach Tinos

Pantelia hält still. Sie zittert am ganzen Körper. Ihre Knie bluten. Ihre Hände sind aufgeschürft. Sie blickt auf und sieht: Sohlenschlurfen, Autoreifen, eine zerdrückte Dose, Zigarettenstummel im Staub. Ihr Herz sieht nur das Wunder. Sie schnauft. Schweiß rinnt ihr von der Stirn, tropft vom Kinn, läuft den Körper hinab. Die Sonne brennt. Der Asphalt ist warm und weich. Es ist Mittag, der 14. August, und Pantelia, sechsundfünfzig, eine kleine, schmächtige Frau aus Athen, senkt den Kopf und kriecht weiter auf allen Vieren. Vor einer Stunde kam sie an, stieg aus der Fähre, machte einen Schritt nach vorn, betrat die Kykladeninsel Tinos, betrat gesegnete Erde und fiel dann auf die Knie. Eingehüllt in Schwarz, bis auf Hände und Gesicht, beseelt vom Glauben, getragen von IHR, kriecht sie jetzt die Hafenstraße entlang. Wind peitscht über das Meer. Staub wirbelt auf. Eine Plastiktüte fliegt davon. Pantelia kriecht auf den Knien vorbei am Gemüsemarkt, an vollen Cafés, mitten hinein in den Montagsverkehr. Fünfhundert Meter sind das. Die Schnellen schaffen es in einer halben Stunde. Fußgänger weichen zur Seite. Einer tritt ihr auf die Finger. Sie sieht nicht auf, überquert das Rondell, wo Autofahrer daran gewöhnt sind, Ausschau zu halten nach Menschen auf allen Vieren.

Auf der mit Steinplatten ausgelegten Allee, die hinauf führt zur marmornen, weiß strahlenden Kathedrale Evangelistria, ergießt sich ein Pilgerstrom. Es sind die letzten fünfhundert Meter, fünfhundert Meter bis zu IHR – zur Panagía Megalóchari, der Ikone der großgnädigen Muttergottes von Tinos. Devotionaliengeschäfte säumen die Allee. Hände strecken sich Pantelia entgegen. Nicht, um ihr zu helfen. Zwei Meter lange Kerzen halten sie hin, rote und gelbe. Wie Lanzen sehen sie aus. »Bitte sehr«, rufen Händler, »Kerzen gefällig?« Menschen ziehen die Allee hinauf, beladen mit Matten, Decken, Geschirr und Essen. Im riesigen Innenhof der Kathedrale schlagen sie ihr Lager auf. Möglichst nahe bei IHR. Ein schmaler Teppich ist auf der Allee ausgerollt. Er führt vom Rondell hinauf zur Kathedrale wie eine goldene Leiter ins Paradies. Kniend kriechen Mädchen auf ihm, Männer, Greise, Mütter, schweißverklebt, mit glühenden Gesichtern. Manche haben sich Tücher um Knie und Hände gebunden. Andere kriechen auf den harten Steinplatten, weil ihr *táma*, ihr Gelübde, es so will. Je inniger ihr *táma*, desto blutiger die Knie. Manche haben sich Ikonen um den Rücken geschnallt, ein Bündel Kerzen, ein Kreuz. Manche Frauen tragen ein Kind auf dem Rücken, andere hoffen auf ein Kind. Viele bleiben erschöpft vom Knierutschen liegen. Andere kriechen bäuchlings. Vom Hafen bis zur Kathedrale. Ein Kilometer ist das. Ein halber Vormittag im Staub.

Es gibt Dinge, die ändern sich in Griechenland, und es gibt Dinge, die scheinbar unveränderlich sind. Achtundneunzig Prozent der Griechen sind orthodox und haben von Kindesbeinen an gelernt, sich zu bekreuzigen. Reflexartig, geradezu vegetativ. In der Schule, beim Anblick einer Kirche, vor der Fahrt mit dem Bus. Wie ein Netz der Frömmigkeit liegen zwanzigtausend Kirchen und sechshundert Klöster verstreut über das Land. Täglich beten dreitausendfünfhundert Mönche und fünftausend Nonnen um das Seelenheil der Welt. Eine Heerschar von achttausend staatlich bezahlten Priestern lobpreist den Herrn. Auch über das Fernsehen wird Gottes Botschaft verkündet. Während der Karwoche überträgt das staatliche Fernsehen die abendliche Liturgie. Täglich, live und in voller Länge. Verfassungsrechtlich ist die Östliche Orthodoxe Kirche Christi die »vorherrschende Religion«. Griechenland ist ein säkularer Staat. So steht es auf dem Papier. In der Realität ist die Kirche die zweite Macht im Staat. Keine Regierung, kein Gemeinderat kann sie übergehen. Spitzenpolitiker und Minister gehen an hohen Feiertagen in die Kirche, und jedes Jahr segnet der Erzbischof das Parlament und die Priester segnen die Schulen. Selbst die Kommunistische Partei schlägt das Kreuz. Die Kirche ist omnipräsent und von niemandem abwählbar. Regierungen kommen und gehen. Die Kirche bleibt. Mag heute der Staat der Mächtigere der beiden sein, beständiger war stets die Kirche. Felsenfest steht sie da, nichts kann sie erschüttern. Keine Skandale um Sexorgien. Nicht die Festnahme eines Bischofs, der sich während einer Drogenrazzia »zufällig« in einer zwielichtigen Bar aufhielt. Ein »Missgeschick« auch die 2,5 Millionen Euro Kirchengelder, die der Bischof von Attika nicht unterschlug, sondern »ansparte«, als

»Rücklage für mein Alter«. Aber was bedeuten schon solche Schnitzer? Sie sind Futter für die Medien. Gegen das Erbe einer zweitausend Jahre alten christlichen Tradition ist es ein Witz. Kirchenaustritte, leere Gotteshäuser, womöglich ein toter Gott, das sind die Sorgen der Katholiken und Protestanten, nicht der griechisch-orthodoxen Kirche. Was auch an der Wundergläubigkeit liegt. Und an der Nähe zu den Priestern und Mönchen. Viele von ihnen sind mehr als bloß Verwalter von Zeremonien. Manche werden verehrt wie Heilige. Weil die Menschen ihre Güte spüren und sehen, dass Barmherzigkeit auch gelebt wird. Sieht man von drei Prozent Muslimen, Juden und Katholiken ab, werden achtundneunzig Prozent aller Ehen vom Popen geschlossen und hundert Prozent aller Neugeborenen vom Popen getauft. Die Taufe ist wichtig. Sie ist mehr als ein Sakrament. Sie ist die Aufnahme in die Gesellschaft. Die Kirche ist die sinn- und identitätsstiftende Konstante Griechenlands. Obendrein gilt sie als Bewahrer der griechischen Sprache und Tradition unter der Türkenherrschaft. So will es der nationale Mythos.

Seit fünfunddreißig Jahren pilgert Pantelia zu Mariä Entschlafung nach Tinos. Es ist das wichtigste religiöse Fest nach Ostern. Es ist der Tag, an dem die Seele Marias in den Himmel fuhr. Und es ist der D-Day von Tinos. Schon Tage vor dem 15. August reisen Gläubige aus dem ganzen Land an. Selbst aus Zypern, England und Amerika. In lärmenden Gruppen oder mutterseelenallein. Dreißigtausend Menschen sollen es sein. Tinos ist das Eiland Gottes, die Insel der tausend Kapellen, das ägäische Altötting, der größte und meistbesuchte

Wallfahrtsort Griechenlands. Es ist ein Ort der Inbrunst und Hoffnung, wo Menschen um Gnade bitten und Fürbitten leisten, demütig und still. Es ist ein Ort der Bigotten und Scheinfrommen, die Gelübde und Opfergaben einzutauschen hoffen gegen ein Wunder. Ein Basar schreiender Devotionalienverkäufer. Eine Kirmes mit Bier, *souvlaki*, Amuletten gegen den bösen Blick und bunten Schneekugeln, die Muttergottes darin. Eine durchorganisierte Ehrfurchtsverwaltung mit Stechuhr und Dienstplan, in der fünf Priester im Stundentakt Litaneien singen, in der Büroangestellte, Putzfrauen, Kerzenentsorger und Rotkreuzschwestern für einen reibungslosen Ablauf sorgen. Vor allem aber ist Tinos ein Flecken Erde, auf dem die göttliche Macht wirkt. Es gibt weinende Ikonen, blutende, sich verfärbende und welche, die manchmal duften. Es gibt die Muttergottes der Tausend Tore, die süß küssende Muttergottes, den Garten Muttergottes – und es gibt die großgnädige Muttergottes von Tinos. Wunder soll sie vollbringen. Kleine und große, unbemerkte und beglaubigte. Sie heilt Blinde und Krüppel, rettet Seefahrer vor dem Ertrinken, schützt vor Epidemien, und den sterbenskranken König Konstantin I. bewahrte sie vor dem Tod, nachdem er sie küsste. Im Volksglauben ist sie das wundertätigste Heiligenbild. Ihre Entdeckung durch die Nonne Pelagia, 1823, galt gar als himmlisches Fanal und göttliche Bestätigung im Aufstand gegen die Türken. Seither pilgern Massen nach Tinos. Kinderlose, Kranke, Todgeweihte, Menschen in Not. Mit ihrem Glauben verklären sie den Ort des Wunders, und manchmal verwischen die Grenzen zwischen dem, was die

Ikone ist und dem, was manche in ihr sehen: die Muttergottes höchstpersönlich. Ikonen sind Mittler zwischen Gott und Mensch. Sie dienen nicht nur der Verehrung. Sie sind das Bild, hinter dem die Wahrheit liegt. Sie sind das Fenster zum Himmel. Überall in Griechenland hängen Ikonen. In Schulen und Restaurants, beim Zahnarzt, auf Ämtern, in der Autowerkstatt. Theologen stritten im 8. Jahrhundert darüber, ob Ikonen zulässig sind oder nicht. Ihr Streit brachte das Byzantinische Reich an den Rand eines Krieges.

Die letzten Meter sind ein Strömen, dann ein Stocken. Pantelia kriecht die Treppen im riesigen Innenhof der Kathedrale hinauf. Gläubige stauen sich vor dem Portal. Absperrgitter lenken die Menschen in Bahnen, führen direkt zu IHR. Alles tritt zur Seite. Pantelia kriecht durch das Spalier. Im Inneren Halbdunkel, Menschenmengen, Geflüster, weihrauchdurchtränktes Gestühl. Silberne Votivbilder hängen von der Decke herab wie Weihnachtskugeln vom Tannenzweig. Ein Haus, ein Fuß, ein Arm, eine Brille, Fisch, Schaf, Pferd, ein Segelschiff und ein Schildchen mit den Umrissen Zyperns. In einem marmornen Schrein, hinter einer Glasscheibe geschützt, in Gold eingefasst, von Perlenketten, Diamanten und Smaragden bedeckt, liegt SIE, die großgnädige Muttergottes von Tinos. Auf ihr abgebildet die Verkündigung. Aber Maria und Erzengel Gabriel sind kaum zu erkennen. Von Jahrhunderten geschwärzt sind sie. Läge die Ikone nicht geschützt hinter einer Glasscheibe, sie wäre von Abermillionen Lippen längst weggeküsst, abgerieben von Tausenden Händen und Stirnen, den Abdrücken ewiger Fürbitten. Neben

IHR die Spendenkasse. Außer Geld landet in der Kiste auch Schmuck. Was nicht durch den Schlitz passt, kann im Büro abgegeben werden. 5,6 Millionen Euro betrugen die Spendengelder 2004. Tinos ist der reichste Wallfahrtsort Griechenlands und sichtlich bemüht, nicht als Geldmaschine dazustehen. Vor dem marmornen Schrein kommt Pantelia zum Stehen. Langsam richtet sie sich auf. Sie keucht und schwitzt. Vier Sekunden bleiben ihr. Vier Sekunden um IHR zu danken. Zu danken dafür, dass sie noch lebt. Eine Berührung. Ein Kuss. Ein Angestellter wischt mit dem Tuch über das Glas. Der Nächste. Pantelia humpelt zum Ausgang. »Man muss glauben! Nur so geschieht das Wunder«, sagt sie und ihre braunen Augen leuchten. Ihr Wohnzimmer ist ein mit Ikonen gekachelter Raum, eine Kapelle der Dankbarkeit. Pantelia litt an Krebs. Die Ärzte hatten sie aufgegeben. Sechs Wochen blieben ihr noch, teilten sie ihr mit. Sie betete zur großgnädigen Muttergottes. Fünfunddreißig Jahre ist das her. Seitdem pilgert sie jedes Jahr nach Tinos. Und das ist keine dieser wundersamen Geschichten. »Nein! Es war ein Wunder«, sagt sie. »Verstehst du? Ein Wunder!«

»Das Wunder ist der Mensch, der glaubt«, sagt Maria Aperghi, fünfundfünfzig. Sie arbeitet in der Erste-Hilfe-Station, zehn Schritte von der Kathedrale entfernt. Zusammen mit sechs freiwilligen Helfern und zwei Ärzten versorgt sie im Schichtbetrieb erschöpfte Pilger. Sie behandeln Schürfwunden, Kreislaufprobleme, Kopfschmerzen, desinfizieren in Spitzenzeiten vierhundert blutende Knie. Eine Etage tiefer werden massenweise Kinder getauft. Das niedrige Gewölbe. Das monotone Gemurmel der Priester. Die klebrige Luft. Die marmornen Taufbecken. Drumherum Familien, stolz, strahlend, Kerzen in der Hand. Fast alle sind Zigeuner. Pomakische, albanische, türkische. Fast alle haben sich aus Thrakien auf den Weg hierher gemacht. Angezogen von der Kraft des Wunders, angereist, weil auch sie ein Wunder brauchen. Kyriakos ruht sich im knarzenden Gestühl aus. Vierunddreißig Taufen hat der Priester hinter sich. »Fünfzig stehen noch aus.« Zwei Äthiopierinnen knien in der Ecke, die Stirn auf dem Boden. Den Körper eingehüllt im blütenweißen Baumwollumhang. Eine halbe Stunde lang verharren sie so. Wie versteinert liegen sie da, bewegen sich keinen Millimeter. Proskynese mitten im Kommen und Gehen. Ein biblisches Bild. Seit drei Jahren leben die Frauen ohne Papiere in Athen, putzen, spülen Geschirr. Seit drei Jahren beten sie zur Muttergottes von Tinos. Auf ein Wunder hoffen sie. Draußen, vor der Kathedrale, campieren Zigeuner auf Gehwegen. Großfamilien kauern auf dem Boden, sitzen auf Decken, kochen. Eine Mutter gibt die Brust. Und überall die Schlafenden. Unter Bäumen. In Zelten. Sogar ein Bett steht neben der Straße, darauf ein Vater mit drei Kindern, erschlagen von der Hitze. Die Bewohner von Tinos wollen keine Zigeuner auf ihrer Insel. »Sie klauen und machen Dreck«, behaupten sie. Eigham, einunddreißig, sitzt angelehnt an einer Mauer und raucht. Seine vier Kinder dösen im Schatten. Wegen eines Gelübdes seien sie hier, erklärt er. Seine Frau sagt: »Wir finden keine Wohnung. Vielleicht hilft die Muttergottes. Deshalb sind wir hier.« Die Familie hat es doppelt schwer. Sie sind albanische Zigeuner.

Nachts das letzte Schiff, die letzten Pilger. Dreispurig kriechen sie jetzt die Allee hinauf. Zwei Schafe blöken in der Menge. Morgen werden sie geschlachtet sein. In der Erste-Hilfe-Station herrscht Hochbetrieb, und im Hof der Kathedrale auch. Fernsehkameras sind aufgebaut. Der Bischof hält eine Liturgie. Menschen schluchzen. Unentwegt werden Kreuze geschlagen. Gebete die ganze Nacht. Auch die Katholiken feiern. Ein Drittel der Bewohner auf Tinos ist katholisch. Ihre Feier findet abseits, im Inneren der Insel statt. Kurz vor Mitternacht spüren Fernsehreporter den Glauben auf. Mit zweihundert Watt leuchten sie ihn aus, halten schweißüberströmten Gesichtern Mikrofone hin. Geblendet, schnaufend suchen die Pilger nach Worten. Hinter den Fernsehteams kommt es zum Pilgerstau. Eine alte, grauhaarige Frau kommt angekrochen. Zwei Füße und ein Baby aus Wachs hängen um ihren Hals. Die Füße soll die Großgnädige heilen und der Tochter ein Baby schenken. Ein Mann trägt eine Fünfunddreißigjährige Frau auf den Armen. Sie ist so groß wie ein Kind. Ein Buckel sitzt auf ihren Schultern. Die Nase fehlt, ihre Glieder sind krumm und steif. Küssen soll sie die Ikone und gesunden. Heiliges Wasser wird gereicht und heiliges Öl. Im Hof der Pilgerunterkunft schreit eine Frau wie von Sinnen. Niemand kann sie beruhigen. Und dann erscheint SIE – die Muttergottes, die Gottesgebärerin. Ein Raunen ist zu hören, ein Stöhnen und Rufen. »Da oben! Da oben! Ich sehe SIE!« Eine Gruppe Pilger starrt hinauf zum hell erleuchteten

Glockenturm. Das Wunder von Tinos, irgendwo muss es sein. Ächzend biegen sich Palmen im Wind. Schatten huschen über die Wand. Laut und heiß ist die Nacht.

Morgen werden Kampfflugzeuge im Tiefflug über die Kathedrale donnern. Eine Militärkapelle wird spielen. Matrosen werden salutieren, Schiffskanonen feuern. Premierminister Kostas Karamanlis wird die Bibel küssen, die Ikone und die Hand des Bischofs. So wie jedes Jahr wird SIE auf einer Bahre zum Hafen hinuntergetragen werden, hinweg über die Köpfe verzückter Pilger. So wie jedes Jahr werden Zehntausende wiederkommen. Und mit ihnen Pantelia.

Zu Hause im »kafenion«

In den traditionellen Kaffeehäusern sitzt man nicht neben den Griechen. Man trifft sie

Als Napoleon von allem genug hatte, beschloss er zu gehen. Er stieg ins Auto und fuhr davon. Er ließ zurück, was zwanzig Jahre lang sein Leben gewesen war: eine Karriere als Softwareentwickler, Athen, die Fünf-Millionen-Stadt. Er fuhr nach Epirus, in sein Heimatdorf Kalarites. Maultiere gibt es dort, Habichte, Schafe, Walnussbäume und vierzig Steinhäuser. Dreißig Einwohner leben in dem abgelegenen Dorf. Napoleon blieb und übernahm das *kafenion* seines verstorbenen Vaters. Damit das Leben im Dorf wenigstens einen Treffpunkt hat. Es ist das einzige *kafenion*. In Kalarites gibt es keine Schule, kein Postamt, keinen Arzt und keinen Supermarkt, weder Bäcker, Metzger noch Gemüsehändler. Seit Jahrzehnten sind die meisten Häuser verlassen. Fast alle zogen weg. Selbst der Pope ist fort. Jetzt serviert Napoleon Zaghlis, vierundfünfzig, Kaffee, verkauft auf blauen, durchgebogenen Holzregalen Glühbirnen und Nudeln, Batterien und Toilettenpapier. Sein *kafenion* ist Kaffeehaus und Tante-Emma-Laden in einem, ein *kafepandopolío*. Wasser dampft im Kessel. In der Spüle liegt schmutziges Geschirr. Kartons und Bierkästen stapeln sich. An der Wand hängt ein Kalender, welk und vergilbt. Zwischen Neonröhren baumeln von der Holzdecke zwei Käfige. Kanarienvögel schaukeln darin.

Es riecht nach Bohnensuppe und Zigarettenrauch. Morgens, mittags und abends kommen die Männer zur Tür herein, in der Hand den Gehstock. Sie trinken *ellinikós kafés*, griechischen Kaffee. Sie rauchen, dösen, spielen Karten, schauen zum Fenster hinaus. Ist Napoleon gerade nicht da, macht sich jeder selbst Kaffee oder legt im Winter Holz nach.

Donnerstags ist Sprechstunde. Dann kommt der Arzt aus der Stadt und packt das Stethoskop aus. Schon seit dem frühen Morgen warten im *kafenion* ein paar Alte auf ihn. Tabletten werden gereicht, Puls und Blutdruck gemessen. Der Arzt pinselt einem Mann den Rachen, verbindet einem anderen die Hand. Montags und mittwochs kommt der Briefträger. Er bringt Post und Neuigkeiten aus dem Tal. Wer etwas aus der Stadt bestellt hat, Schrauben oder ein Fleischermesser, bekommt auch das. Ein Mal im Monat sitzt der Briefträger vor einem Stapel Geldscheinen, neben ihm das versammelte Dorf. Selbst die Frauen sind da. Der Briefträger zahlt die Rente aus. Stehen Wahlen an, wird das *kafenion* zur Politarena. Kandidaten treten auf. Es wird geredet, dazwischengerufen, gepfiffen, geschimpft und applaudiert. Hinterher gibt es Häppchen und Wein. Napoleons *kafenion* ist Treffpunkt, Rednerbühne, Postamt, Arztpraxis, Bank und beheizter Fernsehraum. Und letzte Zufluchtstätte für alle Ehemänner, die es zu Hause nicht mehr aushalten. Es ist das ausgelagerte Wohnzimmer, das Herz von Kalarites. Kein Ort in Griechenland kommt ohne ein *kafenion* aus. Das *kafenion* ist ein Gradmesser für die Lebendigkeit eines Dorfs, einer Stadt. Je weniger Kaffeehäuser, desto näher rückt der Infarkt. »Das kafenion beschreibt die wahre Zivilisation eines Ortes. Es ist für jeden das zweite Zuhause.« So stand es geschrieben, am 15. März 1927, auf Seite eins der Athener Zeitung *Éthnos*.

Die zweite Universität, das kleine Parlament wird das traditionelle Kaffeehaus genannt. Das *kafenion* gibt es in jedem Format. Es ist groß oder klein. So wie in Vroutsi, auf Amorgos, wo gerade mal zwei Tische und vier Stühle in den Raum passen. Es ist stark frequentiert oder von allen im Stich gelassen. So wie in Koumaros, auf Tinos, wo das *kafenion* ein Selbstbedienungsladen ist, in dem sich jeder selbst den Kaffee macht und das Geld in eine Schublade legt. Es ist großstädtisch oder provinziell, luxuriös oder heruntergekommen. Manchmal ist es mehr Museum als Kaffeehaus, ein Kuriositätenkabinett, ausgestattet mit einer Jukebox und knallroten Rettungsringen, dekoriert mit Mausefallen aus der Vorkriegszeit und alten, von italienischen Soldaten zerschossenen Spiegeln. Das *kafenion* trägt den Namen des Besitzers, den der Stadt oder der Region, aus der er stammt. Es ist ein Ort der Geselligkeit und des Alleinseins, ein Platz unbekümmert redender Männer und konzentrierter Stille. Alles was man den Griechen zuschreibt, im *kafenion* ist es zu finden: Temperament und Trägheit, Philoxenia und Xenophobie. Natürlich ist das *kafenion* eine Männerwelt. Die Probleme der Welt zu erklären, alles besser zu wissen, ist seit jeher Sache der Männer. Frauen führen ein *kafenion* oder kaufen im *kafenion* ein. Davon abgesehen: Welche Frau würde schon gerne am Stammtisch ihres Mannes sitzen?

Sich im *kafenion* zu treffen, zu palavern, ist aber mehr als geselliges Beisammensein. Es ist Therapie. Für den Ehemann und die Ehefrau. Es hält die Scheidungsrate klein und erspart den Gang zum Psychiater. Manche Männer kommen, trinken einen Kaffee und gehen. Andere hocken da wie lebendes Inventar, festgeschraubt auf bastbezogenen Holzstühlen. Manche reden nur, wenn es etwas zu reden gibt. Andere reden wie ein Wasserfall. Über bevorstehende Wahlen, das Wetter, über den Nachbarn und den neuesten Korruptionsskandal. Politisch korrekt mögen Politiker sein. Im *kafenion* werden die Dinge unmissverständlich beim Namen genannt. Das erfrischt, belebt wie ein Kaffee am Morgen. Im Sommer sind die besten Plätze draußen, möglichst nah an der Straße. Denn die Straße ist Bewegung und Lärm, und Bewegung und Lärm sind das Leben. Im Winter sind die besten Plätze rund um den Kanonenofen. Denn er wärmt Finger und Knie und ein wenig auch den Raum. Drei Stühle braucht der professionelle *Kafenion*-Gänger. Einen zum Sitzen und einen zum Auflehnen des Arms. Auf den dritten setzt er den Fuß ab, als Zeichen demonstrativer Gelassenheit.

Wann das erste *kafenion* entstand, ist ungewiss. Den Eiferern des Hellenozentrismus zufolge liegt seine Geburtsstunde in der Antike, in der Agora, wo sich die alten Griechen bei Zicklein und Wein in der *thermopólia*, dem antiken *kafenion*, erholten. Der Kaffee kam erst viel später. 1453 fiel Konstantinopel an die Osmanen. Damit war die Herrschaft über das Byzantinische Reich endgültig besiegelt. Und mit ihr das Erblühen der *kafenions*.

Einer Legende nach war es ein Grieche, der das erste Kaffeehaus in Konstantinopel eröffnete. Aber nicht er hat *Kafenion*-Geschichte geschrieben. Es war das bayerische Kaffeehaus »Zum Grünen Baum«. Die Mischung aus Biergarten und *kafenion* wurde 1835 von einem bayerischen Ehepaar in Athen betrieben. Poeten und ranghohe Münchner Sekretäre nippten an Kaffeetassen, Soldaten tranken Bier aus Humpen. Ebenfalls beliebt waren das »Philadelphia« und das »Pausilipum«. Begeistert über so viel heimatliches Beisammensein, stellte der Ministerialbeamte von Wastelhuber erfreut fest: »Athen ist zum Randbezirk Münchens geworden.« Sonntags spielten Blaskapellen. Walzer wurde getanzt, die Hand des Mannes an der Hüfte der Frau. Ein Skandal im damaligen Griechenland. 1844 fanden das unzüchtige Treiben und das Humpenstemmen ein Ende. Die Griechen hatten genug von der Regentschaft der Bayern. Der Beamtenapparat und die Soldaten zogen ab. Nur König Otto I., Wittelsbacher, Katholik und unerschrockener Philhellene, harrte noch ein paar Jahre aus.

Natürlich hatten die Griechen eigene *kafenions*. Viele waren im Basar angesiedelt. Sie waren schlicht und karg, beschränkt auf das, was man zum Kaffeetrinken braucht. Nach dem Aufstand gegen die Türken 1821 wurden sie zum Treffpunkt arbeitsloser Freiheitskämpfer. Ungestüm aussehende Männer mit riesigen Schnurrbärten und Pistolen am Gürtel der *fustanélla*, des traditionellen weißen Kurzrocks, saßen bei gurgelnden Wasserpfeifen vor *túrkikos kafés*, dem türkischen Kaffee, und erhitzten sich über die Zukunft des

Landes. 1839 eröffnete in Athen das vornehme »Oraía Hellás«, das »Schöne Griechenland«. Ein Novum im jungen Staat. Nicht nur des Billardtisches und des prunkvollen Saales wegen. Diplomaten und Politiker kamen, Botschafter, Gelehrte und das einfache Volk. Dank der Nähe zum Parlament wurde das Kaffeehaus zum Aufmarschplatz für aufgebrachte Bürger. Schon immer waren Kaffeehäuser der Brunnen der Philosophie, die Werkbank der Revolution. Das Kaffeehaus ist der Brückenschlag zur Utopie. Nicht mal vom Stuhl muss man sich erheben. »Selten sieht man zwei Leute mit derselben politischen Ansicht. Jeder ist seine eigene Partei«, notierte 1837 der Rechtshistoriker Karl Eduard Zachariae von Lingenthal bei seiner Reise durch das junge Königreich. Schon immer war das *kafenion* das Spiegelbild der in tausend Blöcke, Gruppen und Lager zersplitterten Gesellschaft. Jeder hatte sein Kaffeehaus: die Haschraucher und die Studierten; die Europaphilen und die Europahasser; die Verfechter der Volkssprache *Dimotikí* und die Anhänger der *Katharévussa*, der um türkische Idiome befreiten Reinsprache; die Patrioten aus Kreta, der Mani und den tausend anderen Winkeln Griechenlands; die Kommunisten, Monarchisten, Anarchisten und die Wähler der großen Volksparteien. Der Grabenkampf hat sich entschärft und verlagert. Was heute die *kafenions* trennt, ist eher das Fiebern für einen Fußballclub.

Immerhin, seinen ursprünglichen Charakter hat es sich bewahrt. Vor allem auf den Dörfern. Noch hat der coole Zeitgeist nicht jedes *kafenion* gleichgeschaltet. Noch bleiben die dörflichen *kafe-*

nions verschont von jenem Schnickschnack, wie er in den Cafés in Athen, Madrid oder Bombay zu haben ist. Die Einzigartigkeit des *kafenions* ist seine Nähe. Denn im *kafenion* sitzt man nicht neben den Leuten. Man trifft sie. Ins Gespräch zu kommen, ist leicht. Ein Wort genügt. Kein Vorwand ist nötig. Was natürlich an den Wirten und Gästen liegt, den Alten und den Urgroßvätern, den grauhaarigen Hufschmieden, Sattlern, Stuhlreparierern, Seefahrern und Bauern. Die Neugier auf den Fremden, das Austauschen ist für sie so selbstverständlich wie das Glas Leitungswasser zum Kaffee. Aus ihrem Leben erzählen sie, wie sie auf Eselspfaden Kornsäcke ins Dorf schleppten, auf dem Maultier und auf dem eigenen Rücken. Sie sind die Zeitzeugen gravierender Umwälzungen, einer Epoche, die für ihre Enkelkinder so etwas ist wie die Steinzeit. Denn vor sechzig Jahren gab es auf dem Land keinen Strom und keine Autos. Das *kafenion* ist das soziale und historische Gedächtnis Griechenlands, ein Menschenarchiv ohne Akten und ohne gesichertes Zahlenmaterial. Es ist die Fundgrube für Geschichtensammler, ein Chatroom, das lokale Internet ohne Internetanschluss. Sterben die Alten, schließen die *kafenions*. Was nicht den Untergang des Abendlandes bedeutet. Viele *kafenions* sind nicht mehr als verrauchte Schwatzbuden, in denen grobklotzige Männer die Zeit totschlagen. Aber da ist etwas, das mit den Alten unwiederbringlich verloren geht: ein Stück liebenswerte, griechische Wesensart.

Doch das *kafenion* ist mehr als ein hinterwäldlerischer Rummelplatz. Ilias Petropoulos, brillanter Verfasser absonderlicher Milieustudien und

Essays, unterteilt das *kafenion* in zwei Kategorien: in das kleine und bescheidene und in das große, mit italienisch-europäischem Einfluss. Letzteres war nur in Städten zu finden, vorzugsweise in neoklassizistischen Häusern, mit hohen Decken und viel Stuck. So wie das »Byron«, das »Byzanz«, das »Néon« und das »Ghamvéta«. Allesamt elegante Athener *kafenions*, groß und mondän, mit venezianischen Spiegeln, Pendeluhren, Kristallleuchtern, marmornen Theken und Tischen, Kaminfeuer und dem Foto des Königs an der holzgetäfelten Wand. Ventilatoren rotierten an der Decke. Die Gäste saßen auf Lederkanapees und Thonet-Stühlen, tranken Kaffee, Tee, Soda, nippten am Mandelsirup, spielten Schach und Würfel, *tavli* und Domino, hörten Radio und lasen internationale Zeitungen. Sonntags kam der Vater mit dem sorgfältig gescheitelten Sohn. Artig trank der Junge Limonade und aß *loukoumi*, mit Puderzucker bestäubte Geleewürfel. Auch die Alten, in Anzug und mit Krawatte, mochten das klebrige Zeug. Sie tunkten es in Wasser, damit nichts kleben blieb unter dem falschen Gebiss. Schuhputzer boten ihre Dienste im *kafenion* an, Drehorgelspieler kamen, Los- und Erdnussverkäufer. *Karagiozi*, Schattentheater, wurde gespielt. Stummfilme wurden vorgeführt, begleitet von einem Klavierspieler im Smoking. Nachts gab es Konzerte, Geige, Gitarre und Klarinette, und zur Unterhaltung des Publikums tanzten schicke Damen Tarantella. Geblieben von den urbanen *kafenions* und ihrem Fluidum sind Geschichten und alte Fotografien. In den Sechzigern verschwanden die meisten neoklassizistischen Gebäude, die von der Formenlehre der Antike inspirierte Architektur. An ihre Stelle trat ein Dschungel aus Beton, die Schöpfung neugriechischer Baukunst.

Bleibt der Kaffee. Und da wird es kompliziert. Denn mit dem Kaffee ist es wie mit dem *kafenion*. Jeder will ihn auf seine Art. Schwer, stark, doppelstark, mittel, federleicht. Süß, halbsüß, pappsüß. Ohne Zucker. Aufgewärmt, aufgekocht, zweimal aufgekocht, kurz aufgekocht, blubbernd aufgekocht, mit wenig oder viel Schaum. Zubereitet wird die Mischung aus Wasser, Zucker und dem feinen, puderig gemahlenen Kaffee im *bríki*, dem inwendig verzinnten Stielkännchen aus Aluminium, Kupfer oder Messing. Vor hundert Jahren Kaffee zu trinken, erforderte Geduld. Das Kännchen wurde auf heißem Sand erwärmt. Langsam musste es gehen. Die Qualität des Kaffees wurde gemessen an der Zeit, die er zum Aufkochen brauchte. Zwanzig Minuten waren ideal. Dann war er vollendet, der *jawássikos*, der Langsame. Aus sechsundvierzig verschiedenen Kaffeesorten konnte man wählen. Europäische Romantiker und Abenteurer notierten vor hundertfünfzig Jahren: »Die meiste Zeit sitzen die Griechen im kafenion. Kaffee ist das beliebteste Getränk.« Filterkaffee, Cappuccino, Espresso, Latte Macchiato, Café au lait, Frappé, nichts hat bis heute das Getränk mit dem schlickigen Bodensatz ersetzt. Ersetzt wurde ein Beiwort.

1974 wurde der gewählte Präsident Zyperns, Erzbischof Makarios, auf Befehl der damals in Athen herrschenden Militärjunta gestürzt. Daraufhin besetzte die Türkei den nördlichen Teil der Insel. Kämpfe brachen aus. Auch eine Kaffeefirma in Griechenland griff zu den Waffen und startete eine groß angelegte, patriotische Kampagne. Sie nahm die Zypernkrise zum Anlass, ein altes Produkt umzutaufen. Aus dem *túrkikos kafés* wurde der *ellinikós*, der griechische Kaffee.

Heute Abend um neun

Noch immer reisen Schattenspieler quer durchs Land und verwandeln nachts den Dorfplatz in eine Bühne

Im Laderaum des Kleintransporters liegt ein Grieche. Er ist vierzig Zentimeter groß. Sein rechter Arm ist fünf Mal länger als der linke. Bei jedem Schlagloch knallt der Riesenarm gegen die Wand. Wie ein gerupfter Hahn sieht Karagiozi aus. Karagiozi, so heißt der Grieche. Er hat einen Buckel und eine Nase, die aussieht wie eine Aubergine. Der Haarkranz ist strubbelig, das Gesicht ein Stoppelfeld. Seine Kleider sind alt und ausgefranst. Aus den viel zu kurzen Hosen lugen dünne, behaarte Beinchen heraus. Barfuß ist er und hungrig und ohne Arbeit. Makis Charbas, neunundvierzig, liebt diesen schrulligen Griechen. Er sagt, er sei ein bisschen wie er. Bucklig und immer im selben Hemd. Makis ist ein bescheidener Mensch. Findigkeit und die Gabe, den Widrigkeiten des Lebens mit Humor zu begegnen, das dürfte die beiden eher verbinden. Seit vierzehn Jahren tingelt Makis quer durchs Land. Er ist Schattenspieler, Kulissenschieber, Chauffeur, er ist Direktor der »Charbas-Karagiozi-Show«.

Karagiozi, das ist Schattentheater, benannt nach seinem Helden, der Stabfigur im Laderaum. Sie besteht aus neun bunten PVC-Stücken und ist dünn wie Leder. Nieten halten die Figur zusammen, sorgen dafür, dass sich Beine und rechter Arm drehen können wie Windräder im Sturm.

Wo immer Makis hinkommt, jedes Kind, jeder Greis kennt Karagiozi. Er ist der berühmteste Grieche in Griechenland. Er ist tapferer als Alexander der Große, gewiefter als Onassis. Bedeutender als Sokrates ist er allemal. Zig Generationen wuchsen mit ihm auf. Er hat das Fernsehzeitalter überlebt und die Spielkonsole. Bis heute fasziniert dieses Kerlchen, sein Wortspiel, die Kunst, anderen einen Bären aufzubinden, sich aus jeder vertrackten Lage schlitzohrig herauszuwinden. Selbst den Teufel trickst er aus. Alexander der Große eroberte die halbe Welt. Karagiozi erobert die Herzen der Menschen.

Karagiozi wurzelt im osmanischen Schattenspiel. Die Türken nennen es »Karagöz«, Schwarzauge. Es war ein Zeitvertreib, das den Sultan ebenso amüsierte wie das Volk auf der Straße. In Griechenland wurde es in den *kafenions* aufgeführt. Anfänglich war das Schattentheater reiner Männerspaß. Karagiozi, die Hauptfigur, riss schmutzige Witze, und die Männer bogen sich vor Lachen, wenn er seinen Riesenarm, der im 19. Jahrhundert noch ein Phallus war, auf obszöne Art und Weise gebrauchte. Besorgt um Moral und Sittenverfall löste die Polizei hin und wieder Vorstellungen auf. Im Laufe der Zeit wurde aus dem Männervergnügen Unterhaltung für alle.

Held der Geschichten ist Karagiozi, ein Mann des Volkes, Analphabet, gutherzig, streitlustig, vorlaut. Ein Filou. Ein waschechter Grieche! Er ist die Verkörperung des armen, rechtlosen Untertans zur Zeit der Osmanischen Herrschaft. Am ehesten aber ist er ein ausgebuffter Überlebenskünstler. Drei Kinder muss Karagiozi durchbringen und eine Frau. Dabei ist er arm wie eine Kirchenmaus. Sein Haus ist ein baufälliger Schuppen, gleich gegenüber dem Palast des Paschas. Unentwegt denkt er ans Geld, immer ist er auf der Suche nach Brot und Arbeit. »In Griechenland ist man, was man vorgibt zu sein.« Ein Sprichwort, das Karagiozi verkörpert wie kein anderer. Er ist Wasserverkäufer, Arzt, Fotograf, Musiker, Prophet, Schreiber – ein *polytechnítis*, ein Alleskönner, einer, der über die Runden zu kommen versucht – ohne viel Arbeit und mit möglichst vollem Bauch. Er ist ausgestattet mit mediterraner Trägheit, gewappnet mit unerschütterlichem Optimismus. Seine Pläne gehen fast immer schief. Nie gibt er auf. Jeder Bauchlandung kann er achselzuckend und augenzwinkernd etwas Positives abgewinnen. Die Griechen bewundern seine Gewieftheit. Sie lieben ihn, weil er etwas hat, was alle in sich tragen. »Karagiozi ist das Spiegelbild der Griechen«, sagt Makis Charbas.

Jetzt liegt er in einer Holzkiste im Laderaum und ist auf dem Weg ins Vardousiagebirge. Denn heute Nacht tritt Karagiozi auf. In sechs Dörfern wird Makis spielen. Vor *kafenions*, unter einem Baum, wo immer sich Platz findet für eine vier Meter lange Leinwand. *Karagiozi* ist Theater, das in einen Koffer passt. Engagiert wurde Makis von der Kommune. Damit was los ist im abgeschiedenen Vardousiagebirge, wenn für die Dauer der Schulferien die ehemaligen Dorfbewohner in ihre ansonsten verlassenen Dörfer zurückkehren. Zweihundert Vorstellungen gibt Makis pro Jahr. Das Schattenspielen hat sich der Exschauspieler selbst beigebracht. Er schreibt eigene Stücke, stellt seine

Figuren selber her. Makis zählt zu den besten Schattenspielern Griechenlands. Zehn, vielleicht zwanzig professionelle Schattenspieler gibt es. Sie treffen sich jedes Jahr zum landesweiten Wettbewerb in Patras. Aber nur wenige können vom Spielen leben. Makis ist ein stiller, freundlicher Mensch, ohne großspuriges Gehabe. Er ist einer, der überall auftritt. Auch dort, wo sie nichts haben, außer einer Steckdose und einem Dorfplatz. Er ist einer, der nach der Vorstellung hinter dem Lenkrad seines Kleintransporters auf einer Pritsche schläft, am Morgen aus dem Auto steigt und sich in aller Ruhe am Dorfbrunnen rasiert. Das hat etwas, was nicht hineinpasst in dieses beschleunigte Griechenland. »Es macht Spaß, herumzufahren«, sagt Makis. »Karagiozi ist Wandertheater. Es lebt von den Orten, in die man fährt, von den Menschen, denen man begegnet.« Seine Art herumzureisen ist ein Echo aus jener Zeit, in der Schattenspieler auf Fahrrädern und Pferdewagen über die Dörfer zogen. Damals, als es kein Kino gab und keinen Fernseher und man den Eintritt auch mit einem Sack Kartoffeln bezahlen konnte. Kerzen und Gaslampen warfen Lichter auf Betttücher, die als Leinwand dienten. Die Figuren waren aus Zelluloid oder Leder. Sogar Blechdosen mussten herhalten und Kartonkisten der Wehrmacht.

Neben Makis sitzt Vasilis Papaevangelou, dreiundvierzig, und raucht Kette. Vasilis trägt eine blaue Schirmmütze, unter die er sein langes, strähniges Haar gestopft hat. Er trägt die Mütze von morgens bis abends. Nur zum Schlafen nimmt er sie ab. Mehr als seine Mütze liebt er *souvlaki*. »Gibt es souvlaki, beginnt die Nacht«, sagt er und erzählt von jener Vorstellung, nach der er siebzehn Portionen *souvlaki* verschlang. Mit jedem Kilometer, den sie tiefer in die Berge fahren, verschlechtert sich seine Laune. Schmaler werden die Straßen und leerer. So wie die Dörfer auch. Bei ihrem Anblick verdreht er die Augen. Vasilis ist ein Mann, der das pulsierende Leben liebt, volle Cafés und belebte Straßen. »Kósmos« nennt er das. Seit vier Jahren träumt er von Geld und von »richtiger Arbeit«. Seit vier Jahren tingelt er mit Makis durchs Land. Für fünfzig Euro am Tag baut er die Bühne auf, bringt Lautsprecher an, stellt Stühle auf, reicht Figuren, kickt gegen einen blechernen Ölkanister, sobald Makis in einer Szene einen Donner braucht.

Oben über dem Tal, wo die Straße endet, liegt Grameni Oxia, ein Dorf aus fünfzig versprengten Häusern. Vier Menschen leben hier winters. Jetzt sind es locker fünfzig. Wolken ziehen. Laub raschelt. Hinter alten Mauern liegen Mirabellen im Gras. Unter einer Platane sitzen Männer auf dem Dorfplatz. Lässig schwingen sie den Rosenkranz, schauen zu wie Makis und Vasilis die Bühne aufbauen. Es wird gehämmert und gesägt und geschraubt, die Leinwand wird gespannt, Kabel werden verlegt, Lautsprecher aufgestellt und Glühbirnen in die Fassung geschraubt. Sogar dreißig Stühle hat Makis mitgebracht. Ganz vorne sitzen bereits der Pope und sein Enkel. Verschluckt die Nacht das letzte Dämmerlicht, bringt Makis Charbas die Welt zum Leuchten. Aus zweiundzwanzig Glühbirnen besteht sie, aus siebzehn Figuren und einer Leinwand, eingerahmt von grün bemalten Stellwänden. Drei Stangen hält Makis in den Händen, drei Figuren, die auf der anderen Seite als bunte Schatten tänzeln. Kinderleicht sieht das aus. Wie sich Arme und Beine bewegen, wie die Figuren von einer Ecke zur anderen schweben. Wie Makis den Mond aufgehen und den Teufel im Boden verschwinden lässt. Hinter der Leinwand aber kommt er aus dem Schwitzen nicht heraus. Er hetzt von links nach rechts. Zieht Grimassen, spuckt Wörter. Singt, brummt, faucht, flüstert, fistelt, redet mit sieben verschiedenen Stimmen. Er erzählt Geschichten, reduziert auf das, was griechisches Schattentheater ausmacht: Rhythmus, Selbstsarkasmus, die Fähigkeit, aus dem Stegreif Sprachwitz zu erfinden. Alles lacht und klatscht. Die Kinder fiebern, schreien, stampfen mit den Füßen. Karagiozi hat eine Tomate geklaut, weil er hungert und kein Geld hat. Nun soll er ins Gefängnis gehen. In der Hoffnung, der Strafe zu entgehen, gibt Karagiozi vor, tot zu sein. Alles trauert und weint beim Leichenschmaus. Dann geschieht das Wunder. Der Totgeglaubte kehrt zurück ins Leben. Alles freut sich, und Karagiozi kann sich endlich satt essen.

Über hundert klassische Einakter existieren. Von Märchen und Mythen inspirierte Kinderstücke. Vom Geist des Aufstands gegen die Türken entzündete Heldenepen. Ein Kanon aus mündlich überlieferten Geschichten, die je nach Talent und Fähigkeit des Spielers variieren. Bis in die Fünfziger war das Schattentheater das reisende Geschichtsbuch Griechenlands. Erzählt wurden der Aufstand gegen die Türken, Abenteuergeschichten, nationale Legenden, bebildert von einer Truppe kleiner Stabfiguren. Auch Weltereignisse kamen auf die Bühne: der Zweite Weltkrieg, die Teilung Zyperns. Ein Mal ging eine Aufführung gar tödlich aus. 1910 schoss auf Kreta ein aufgebrachter Zuschauer auf eine Stabfigur, die einen türkischen Soldaten darstellte. Von der Kugel getroffen, starb der Spieler hinter der Leinwand. Heute sind friedliche Geschichten angesagt. Heute hat das Schattentheater einen pädagogischen Auftrag. Karagiozi kämpft gegen Rassismus, er ist Ökologe, schützt den Wald vor dem Abholzen durch den Pascha. Er erklärt, wozu eine Ziege taugt, tritt beim europäischen Schlager-Grand-Prix auf, ist barfüßiger Kreditkartenbesitzer, treibt, wie Makis sagt, Spott über »eine Nation, die Auto fährt und im Geiste auf dem Esel reitet«. Es ist Mitternacht. Die Bühne ist abgebaut, der Dorfplatz leer. Zwölf *souvlaki* hat Vasilis geschafft. Nun liegt er schnarchend im Kleintransporter, die Mütze unter dem Kissen. Auf der Pritsche über ihm schläft Makis. Fledermäuse gleiten durch die Dunkelheit. Sterne flackern am Himmel.

Der neue Tag ist eine Irrfahrt im Schritttempo, ein Holpern auf Schotterpisten ohne Beschilderung. Durch Tannenwälder, über Stock und Stein und Flüsse. Kühe kreuzen. Ziegen meckern. In der aufkommenden Hitze verdunstet die Frische des Morgens. Makis und Vasilis halten an einem Fluss. Sie baden, schrubben Zähne, Füße und Rücken. Die Dusche am Wegesrand. Dann der nächste Spielort: Kidhonia. Ein Dorf, hineingekauert zwischen Berge, menschenleer die Gassen, verriegelt das einzige *kafenion*. Kidhonia im Mittagsschlaf. Auch das ist *karagiozi*-spielen: auf einer Mauer dösen; dahindämmern; die Zeit wegrauchen; aus dem Kleintransporter Büchsenfleisch hervorkramen und es mit rohen Zwiebeln essen; das Dorf beschallen mit Lautsprechern, einmal, zweimal, fünfmal, »Heute Abend um neun ...«; dasitzen und schauen und warten auf die Nacht. In Sonntagskleidern kommen die Zuschauer daher, mit polierten Schuhen, in der Gestalt von dreißig herausgeputzten Müttern, Vätern, Neffen, Großeltern, an der Hand ordentlich gekämmte Kinder. Händeschütteln. Schulterklopfen. Gelächter. Der Holzkohlengrill qualmt. Die Bühne ist vor dem *kafenion* aufgebaut. Unter Maulbeerbäumen sitzt das Dorf, isst, trinkt, plaudert wie ein Wasserfall. Der Dorfvorsteher hält eine feierliche Rede. »Willkommen Karagiozi! Willkommen in Kidhonia!« Applaus. In Kidhonia ist das Schattentheater ein Fest, ein künstlerisches Großereignis, festgehalten auf Fotos und Video.

Das war nicht immer so. Lange Zeit blickte man in gebildeten Kreisen hinab auf *karagiozi*. Es war Hanswursttheater, Kirmesunterhaltung für einfache Dorfgemüter. Bis Eugenios Spatharis, Sohn eines Schattenspielers, *karagiozi* einen neuen Anstrich gab. Er adaptierte die Antike und die Mythologie. Er spielte Aristophanes, und zu Ehren von Jurij Gagarins Griechenlandbesuch ließ er Karagiozi ins Weltall fliegen. Er spielte auf Kuba, im Kreml, in Teheran, in ganz Europa. Er spielte vor fünf Zuschauern und vor fünftausend. Eugenios Spatharis ist der berühmteste Schattenspieler Europas. Heute, zweiundachtzig Jahre alt, gebückt, schlohweiß und nicht von der Bühne zu kriegen, ist er so etwas wie der Übervater Karagiozis. Er hat in Athen ein Museum eröffnet und organisiert jeden Herbst ein Festival. »Karagiozi lebt!«, sagt Eugenios Spatharis. »Karagiozi kommt aus dem Volk. Er spricht wie das Volk. Er ist das Volk.«

Doch das Volk hat kein Interesse an seinem Helden. Ein Spiel der Champions League, ein kühler Nachtwind. Die nächsten drei Abende sind Aufführungen vor zwei halbleeren Sitzreihen. Dann kommt Ambelakiotissa, ein Dorf, gelegen in Gravara, einer vormals bitterarmen und rückständigen Gegend. »Hier lebten die Sitiáni«, erzählt ein Mann im *kafenion*. Sie waren ausgefuchste Profi-Bettler, Tramps, denen, ähnlich wie Karagiozi, der Schalk im Nacken saß. Sie reisten durch den Balkan. Sie mimten Kranke und Krüppel. Sie kugelten sich bei Bedarf die Gelenke aus, weil das mehr Mitleid weckte und so mehr Almosen brachte. Mit leeren Holzkisten machten sie Fotos, die sich – so versprachen sie hoch und heilig – eine Woche nach Bezahlung von selbst entwickeln. Makis lacht. »Das Drehbuch für einen Karagiozi-Film!« Aufgeregt umringen Kinder den Kleintransporter. Sie tragen Stellwände, stellen Stühle auf. Nachts erstrahlt die Bühne. Gesichter erleuchten und glänzen. Ganz groß sind sie jetzt, die vielen Kinderaugen, in denen sich eine kleine Figur widerspiegelt.

Um ein Uhr früh liegt Karagiozi in der Holzkiste. Bei jedem Schlagloch knallt der Riesenarm gegen die Wand. Makis und Vasilis haben es eilig. Morgen treten sie in der Stadt auf. »Dort, wo es volle Cafés gibt. Und Leben!«, sagt Vasilis und trällert vor Vergnügen. Sein schelmisches Grinsen reicht über beide Ohren. Wie Karagiozi sieht er jetzt aus.

Wir, die Raptis

Großmutter, Tochter, Enkelin. Drei Frauenleben. Drei Generationen erzählen aus ihrem Leben

Ich, Maria Raptis, wurde 1914 in Mesohoria, auf Euböa, geboren. Mein Vater war Bauer. Er pflügte den Acker, baute Mais an, Weizen, Bohnen und Baumwolle, säte Hafer für die Tiere und melkte sie. Wir hatten hundert Schafe, Ziegen und Schweine und drei Kühe. Im Sommer drosch er Weizen, im Herbst las er Wein und Oliven. Meine Mutter arbeitete zu Hause, wie alle Frauen im Dorf. Sie wob Decken, Teppiche, Tücher, wusch, buk, kochte, häkelte Socken, schlug das Kreuz und betete. Sie nähte Hemden und Hosen, Unterhosen und Jacken, zog Tomaten und Kartoffeln und jätete Unkraut.

Als ich acht Jahre alt war, musste ich auf meine jüngeren Geschwister aufpassen. Wir waren sieben Kinder, fünf Brüder und zwei Schwestern. Ich bin die Drittgeborene. Ich zog die Kleinen an und fütterte sie, wechselte und wusch die Windeln. Meinen jüngsten Bruder Kostas zog ich groß wie später meine eigenen Kinder.

Im Sommer waren mein Vater und meine älteren Brüder selten zu Hause. Sie arbeiteten auf den Feldern, schliefen in der *kalívi*, einer Hütte aus Lehm und Steinen und ohne Fenster. Nur Matten und eine Feuerstelle waren darin. Wir hatten mehrere Felder. Manche lagen Stunden vom Dorf entfernt. Unser Haus im Dorf war aus Stein, es hatte zwei Zimmer. Im Winter schliefen wir alle in einem Zimmer. So wurde es schneller warm. Morgens rollte ich die Matten zusammen, kümmerte mich um die Geschwister. Dann half ich beim Kochen. Ich lernte Teig machen. Man muss ihn gleichförmig ausrollen. Ich konnte das sehr gut, machte es lieber als Holz sammeln oder Wasser holen. Auch die Wäsche wusch ich, am Dorfbrunnen, mit meiner Mutter. Samstags buken wir Brot. An Festtagen gab es Lamm oder Schwein. Verwandte kamen und Nachbarn. Mein Vater war ein geselliger Mann. Und ein guter Mensch. Er schlug uns nie, schimpfte selten. Gehorsam gegenüber den Eltern war selbstverständlich. Das musste man nicht anerziehen. Die Mutter war streng. Oft waren die Tage eine Plackerei. Um drei Uhr früh standen wir auf, erledigten die Arbeit, für die wir tagsüber keine Zeit hatten. Kämmten und spannen Wolle, woben aus Ziegenhaar Taschen, in die wir Brot und Käse und Feigen steckten, wenn wir aufs Feld gingen. Autos und Straßen gab es nicht, auch keinen Strom. Jeden September fand in Avlonari ein Basar statt. In der Morgendämmerung gingen wir los. Fünf Stunden waren es bis dorthin. Wir verkauften Schafe und kauften Töpfe und Schuhe. Die Leute sagen heute, sie haben keine Zeit mehr. Ich sage: Die Menschen vergessen schnell, wie es früher war, nie sind sie zufrieden. Meine älteren Brüder hüteten Schafe und Ziegen. Abends lernten sie für die Schule. Sie lasen aus der Odyssee. Ich mochte die Geschichten. Ich hätte gerne lesen und schreiben gelernt. Auch die Zahlen kann ich nicht lesen. Will ich telefonieren, muss meine Tochter die Nummer wählen.

Geldscheine und Münzen erkenne ich an den Bildern. Mein Vater hätte nichts dagegen gehabt, wenn wir Mädchen zur Schule gegangen wären. Aber meine Mutter wollte das nicht. Sie sagte: »Die Buchstaben sollen die Buben lernen, damit sie nach Hause schreiben können, wenn sie beim Militär sind.« Vier Jahre dauerte die Schule. Manche Mädchen im Dorf durften zum Unterricht.

Mit neunzehn Jahren heiratete ich. Wie ein Tier wurde ich weggegeben. Es gab ein Angebot von einer Familie aus Attika. Meine Eltern entschieden sich aber für eine Familie aus unserem Dorf. Mich hat niemand gefragt. Ich wollte nicht heiraten, wollte in kein fremdes Haus ziehen. Aber was hätte ich machen sollen? Andere in meinem Alter hatten bereits Kinder. Meine Mitgift waren eine Kuh, drei Ziegen, ein Schwein und ein Stück Land. Meinen Mann Kostas habe ich vor der Verlobung ein paar Mal im Dorf gesehen. Seine Familie mochte ich nicht. Nach der Trauung in der Kirche wurde ich auf einem Pferd ins Haus meiner Schwiegereltern gebracht. Die ersten Jahre lebten wir bei ihnen. Später zogen wir in unser Haus.

Ich gebar neun Kinder, sechs Söhne und drei Töchter. Spürte ich bei der Arbeit auf dem Feld die Wehen, rannte ich zurück ins Dorf. Waren die Wehen zu stark, gebar ich unterwegs. Mit einem Stein durchtrennte ich die Nabelschnur. Ich wäre auch mit weniger Kindern glücklich gewesen. Geküsst hat mich mein Mann selten. Ich war niemals verliebt. Vor der Hochzeit habe ich mich nie mit einem Mann heimlich getroffen. In unserem Dorf gab es einige Liebesheiraten. Heute heiraten alle aus Liebe, sagen sie. Ich sage, Liebe allein genügt nicht.

Mein Leben war wie das meiner Mutter. Ich stand um drei Uhr früh auf, wob Tücher, nähte Tischdecken, buk Brot, trocknete Feigen, schlug das Kreuz und betete, melkte die Schafe und Ziegen, fütterte die Schweine, gebar Kinder und fütterte auch sie. Wir machten Käse, Wein, Öl, Butter, Nudeln, Kleider, kauften nichts, außer Schuhe und Töpfe. Wo hätte man was kaufen können?

Dann brach der Krieg aus. Eines Tages kamen Soldaten, Deutsche und Italiener. Sie kamen mit Panzern und Jeeps. Ich hatte so etwas noch nie gesehen. Geschossen wurde nicht. Die Soldaten stellten Fragen und kauften Zigaretten. Dann gingen sie. Schlimmer war der Bürgerkrieg. Banden plünderten die Häuser, stahlen das Vieh. Sie suchten nach Essen. Wir hatten Glück. Es gab weder Tote noch mussten wir hungern.

Nach dem Krieg verließen viele Familien das Dorf. Sie gingen nach Australien und Amerika. Auch mein Mann wollte weg. Ich nicht. Es ist eine Schande, seine Eltern allein zu lassen. Mein Mann hat keine Geschwister.

»Mutter, sollen wir für immer Schafe hüten?«, fragten eines Tages meine Söhne. Ich schwieg. Wir lebten von den Tieren und von dem, was uns die Erde gab. Eine andere Arbeit gab es nicht. Den Fischern ging es viel schlechter. Ihre Häuser waren Hütten. Das Meer ernährte sie nicht. Heute sagen die Leute, das Geld reiche nicht zum Leben. Ich sage: Sie wissen nichts anzufangen mit der Erde. Nur noch Gestrüpp wächst auf ihr.

Jannis, mein ältester Sohn, wanderte 1955 aus.

Er war siebzehn Jahre alt. Er wollte unbedingt gehen. Wir feierten Abschied. Mein Cousin brachte ein Grammofon, und meine kleinste Tochter trug ein hübsches Kleid. Abends packte Jannis den Koffer, belud den Esel und ging nach Styra, wo ein Boot ihn aufs Festland brachte. Ein paar Tage später fuhr er auf einem großen Schiff nach Sydney. Ich wollte nicht, dass er geht. Danach folgten ihm zwei meiner Söhne und eine Tochter. Es wurde leer im Haus. So leer wie in mir.

Langsam änderte sich das Leben. Eine Straße wurde gebaut. Autos kamen und Busse. Auch Strom gab es. Nachts leuchtete das Dorf, so viele Lichter brannten plötzlich. Das war in den Sechzigern, während der Diktatur.

Mein größter Schmerz ist der Tod meines jüngsten Sohnes Dimitris. Er starb mit fünfunddreißig an Krebs. Manchmal gehe ich zu seinem Haus, das jetzt leer steht. Ich setze mich auf die Treppe. Ich singe, und dann weine ich. Warum hat Gott mir meinen Sohn genommen? Ich darf nicht klagen. Mein Mann war gut zu mir. Er trank nicht und schlug nicht die Kinder. Er arbeitete hart, konnte einen Zentner Weizen auf dem Rücken tragen, bis ins nächste Dorf. Ich hatte ein glückliches Leben. Alles was ich wünschte, hatte ich. Ein Stück Land, ein Haus, gesunde Kinder, einen schönen Wollmantel trug ich, ein Seidenunterhemd, und auf dem Basar kaufte ich die Töpfe, die mir gefielen. Warum hat Gott mir meinen Sohn genommen?

1969 reisten mein Mann und ich nach Australien. Unsere Kinder luden uns ein. Wir wollten die Enkelkinder sehen. Wir kannten sie nur von

Fotos. Australien ist groß. Kein Ende ist zu sehen. Die Erde ist schlecht, und das Meer ist so wild wie der Teufel. Es ist kein Ort zum Leben. Russland dagegen mochte ich sehr.

1984 flog ich zur Behandlung meiner Augenkrankheit nach Moskau. Meine Kinder gaben mir Geld. Die Ärzte seien dort besser, sagten sie. Meine Tochter Katerina begleitete mich. Wir machten Ausflüge. Ich sah breite Flüsse und große Bäume und Kirchen mit goldenen Kuppeln. Ach, wie schön waren die. Das Gras ist grün und die Erde fruchtbar. Keine Steine stecken in ihr. Auch ein Museum besuchte ich. Ich fuhr Fahrstuhl, zum ersten Mal in meinem Leben. Er war größer als unser Wohnzimmer. Mein Augenleiden konnten die Ärzte nicht beheben. Es hängt mit meinem Zucker zusammen. Heute bin ich fast blind. Deutlich sehe ich die Vergangenheit vor mir.

Mein Körper ist alt. Aber noch immer brennt ein Feuer darin. Ich würde gerne auf unsere Felder gehen, dorthin, wo ich als Mädchen spielte und arbeitete. Das Gehen fällt mir schwer. Kann ich nicht aufstehen, weint mein Mann. Geht es mir gut, schimpft er mit mir. Heute wollen alle alt werden. Ich sage: Es ist nicht gut, alt zu werden. Man hat Schmerzen, kann nicht mehr tun, was man will. Es ist leicht, nach einundneunzig Jahren zu sterben. Meine Arbeit ist getan. Es gibt nichts mehr zu erledigen.

Die Männer haben Angst vor dem Tod. Vielleicht, weil sie die Schwächeren sind. Mein Mann liest nun in der Bibel. Er fürchtet sich. Die Nachbarn sind immer weniger geworden. Von den Kindern ist keines im Dorf geblieben. Heute wollen alle in der Stadt leben. Nur dort gibt es Arbeit, sagen sie. Ich sage: Das ist kein Leben. Nicht mal atmen könnte ich dort.

Abends sitze ich vor dem Fernseher. Ich sehe nichts, aber ich höre, was in der Welt geschieht. Ich sitze und warte. Das Leben ist wie ein Traum. Es zerrinnt wie Sand zwischen den Fingern.

Ich, Sophia Madamathiotis, Tochter der Maria Raptis, habe meinen Mann in Athen kennengelernt. Er ist Anstreicher und kommt aus Lesbos. Ich habe ihn meinen Eltern vorgestellt. Sie hatten nichts gegen eine Hochzeit. »Mach nur«, sagte meine Mutter. Ich heiratete mit siebenundzwanzig.

Geboren wurde ich 1951 in Mesohoria. Ich ging sechs Jahre lang zur Schule. Wir waren hundertzwanzig Kinder. Es gab zwei Klassen und zwei Lehrer. Ich lernte lesen und schreiben. Aber geschickter bin ich mit meinen Händen. Nach der Schule musste ich auf dem Feld helfen. Ich band geschnittene Weizen- und Gerstenähren zusammen, brachte mit dem Maulesel Dung nach Hause. Im Sommer schlief ich draußen in unserer Lehmhütte, pflügte mit meinem Vater den Acker, half bei der Olivenernte, trieb die Schafe aufs Feld. An meine Brüder, die auswanderten, erinnere ich mich kaum. Australien hat mich nie interessiert.

Das Leben im Dorf war mühsam. Arbeit gab es immer. Tagsüber und nachts, bei Regen und Hitze. Alles musste rechtzeitig fertig werden. Das Pflügen, das Säen, das Ernten, das Melken. Ich trug Schuhe aus alten Autoreifen. Oft war es besser, barfuß zu gehen. Die Schuhe blieben im Schnee und Matsch stecken. Auch die Häuser waren anders als heute. Wir hatten kein Bad und keine Toilette. Und nachts musste man aufpassen, wohin man tritt, so dunkel waren die Gassen. Ich hatte Träume, ich war jung, ich wollte weg. Mit achtzehn ging ich nach Athen. Alle gingen nach Athen. Wohin sonst hätte man gehen können? Die Stadt, das war Freiheit für mich, eine andere Welt. Mit Geschäften, Straßen, Autos, Cafés, prächtigen Häusern. Ich lernte Damenschneiderin, wohnte im Haus der Chefin. Heute arbeite ich als Putzfrau in Athen.

Ich habe drei Kinder. Alles was ich verdiene, ist für ihre Ausbildung. Mit den Händen zu arbeiten, reicht heute nicht. Ein Studium muss man haben. Mein Sohn fährt zur See, wird Schiffskapitän. Eine Tochter macht eine Banklehre, die andere studierte Archäologie.

Athen erkenne ich nicht wieder. Es gibt so viele Häuser und Autos und Straßen und so viele Fremde, vor allem Albaner. Früher schlossen wir die Haustüren nie ab. Heute fürchte ich mich.

Sobald die Kinder mich nicht mehr brauchen, möchte ich zurück ins Dorf. Ruhe finden, auf dem Feld arbeiten und im Garten. Ich liebe mein Dorf. Ich habe genug von Athen. Sehe ich wie unsere Oliven am Baum vertrocknen, werde ich traurig. Meine Eltern können die Ernte nicht mehr einbringen, und ich allein schaffe es nicht.

Seit meiner Jugend hat sich das Leben rasend schnell verändert. Manchmal denke ich, ich habe zwei Leben gelebt. Ein modernes und eines »wie zu Zeiten Homers« – das sagt meine Tochter Maria.

Ich, Maria Madamathiotis, Tochter der Sophia Madamathiotis, Enkelin der Maria Raptis, habe Archäologie studiert. Schon als Kind mochte ich Museen. Mit achtzehn schrieb ich mich an der Athener Universität ein. Ich lernte Englisch und Deutsch. Auf dem Peloponnes nahm ich an Ausgrabungen teil, legte Vasen frei und Knochen, archivierte, beschriftete, fertigte Pläne an. Ich mag besonders die Skulpturen der frühklassischen Phase. Es ist spannend zu verfolgen, wie der starre Formalismus durch freiere Kompositionen überwunden wurde. 2006 schloss ich mein Studium ab. Jetzt suche ich eine Arbeit. Es ist schwer, etwas zu finden. Akademiker gibt es wie Sand am Meer. Außerdem braucht man Beziehungen, Freunde, Verwandte. Bei der Behörde und auf Ämtern. Vielleicht finde ich eine Stelle als Lehrerin am Gymnasium.

Zurzeit wohne ich bei meinen Eltern in Athen. Am liebsten würde ich nach Rhodos ziehen. Mein Freund kommt von der Insel. Athen gefällt mir nicht. Hektik, Gestank, zu viele Menschen. Rhodos hat alles. Die Insel ist offen und lebendig. Die Landschaft ist schön, und abends kann man ausgehen.

Ich wurde 1983 in Athen geboren. Die Schulferien verbrachte ich stets bei meinen Großeltern auf dem Dorf. Oft kamen wir auch am Wochenende. Dann bügelte meine Mutter die Wäsche und putzte das Haus. Meine Geschwister und ich spielten im Hof.

Für das Studium schenkten mir meine Großeltern Geld für einen Computer. Sie hatten es angespart. Dreihundertfünfzig Euro Rente bekommen sie. Meine Großmutter ist stolz, dass ich auf die Universität ging. Im Sommer jobbe ich gelegentlich in einer Taverne, unten am Strand. Seitdem es eine Straße vom Dorf zu den zwei Stränden gibt, kommen viele Leute. Vor allem Athener. Die Strände sind hübsch. Es gibt fünf Tavernen. Ferienhäuser werden gerade gebaut. Viele im Dorf haben ihre Grundstücke am Meer verkauft. Meine Großmutter sagt, das Land am Meer sei früher nichts wert gewesen.

Im Dorf leben will ich nicht, obwohl ich es mag. Alles ist so eng, in alles stecken die Leute ihre Nase. Der Klatsch geht mir auf die Nerven. Im Dorf versauert man. Was kann man schon machen, außer baden gehen und SMS an Freunde verschicken. Für mich ist das Dorf Erinnerung an meine Kindheit, an meine Großeltern. Denke ich über ihr Leben nach, kommt es mir unbegreiflich vor, geradezu unwirklich. Hat man so gelebt? Gab es wirklich eine Zeit, in der man für so selbstverständliche Dinge wie Brot und Milch, Hosen und Töpfe so mühselig arbeiten musste?

Im Herbst 2005 starb meine Großmutter. Kurz danach mein Großvater. Das Haus ist nun geschlossen. Im Hof steht ein Maulbeerbaum. Die Nachbarn gießen ihn.

Der Sound der Bouzoukis

Einst war es das Instrument zwielichtiger Gestalten und kauziger Kiffer. Heute kommt kein Lied, kein Fest ohne das Bouzouki aus

Die Nacht ist warm. Zikaden zirpen. Der Himmel hängt voller Sterne. Sanft plätschert das Meer ans Ufer. Auf Zehenspitzen schleicht sich ein kleiner Junge aus dem Haus. Er ist gerade mal acht Jahre alt und heißt Manolis Dimitrianakis. Er rennt aus dem Dorf hinunter zum Strand. Niemand darf wissen, wohin er geht. Schon gar nicht seine Eltern. Manolis läuft in die Stadt, nach Ierapetra. Heute Nacht will er das Geheimnis lüften, will endlich verstehen, was es heißt, wenn die Erwachsenen sagen: »Páme sta bouzoúkia – Gehen wir zu den Bouzoukis.« Die Eltern wollen es ihm nicht erklären. Schnaufend steht er vor einem Haus. Der Junge pirscht sich heran, blickt neugierig durchs Fenster. Männer sitzen rauchend vor Weingläsern. Aus einem Plattenspieler knirscht Musik. Ein metallisches Instrument ist zu hören. Die Melodie klingt schwer und träge. Ein Mann tanzt, die Arme ausgebreitet wie ein Adler die Flügel.

»Das war 1953«, sagt Manolis Dimitrianakis und zwirbelt seinen grauen Schnurrbart. »Ich dachte, das Bouzouki sei ein Haus, ein Ort. Ich hatte nie ein Bouzouki gesehen.« Das Bouzouki sieht aus wie eine halbierte Melone, hat drei Doppelsaiten und einen langen, mit Intarsien verzierten Hals. Für Manolis Dimitrianakis ist es mehr als ein Instrument. Das Bouzouki ist sein Leben. 1964 verlässt er Kreta, um in Athen zu studieren. In einer Bar hört er Lieder von Markos Vamvakaris, einem alten Bouzoukispieler. »Es traf mich wie der Blitz«, sagt er. »Von da an, wollte ich Bouzouki lernen.« Er bittet den Vater um Geld für ein Bouzouki, droht das Studium hinzuwerfen. Der Vater schickt achthundertfünfzig Drachmen. Seitdem lebt Manolis zwei Leben. Tagsüber ist er Rechtsanwalt, sitzt in einem Büro und stöbert in Akten. Nachts spielt er in Musikclubs Bouzouki, singt von Liebe und vom Haschisch.

Es ist Samstag, zwei Uhr früh. Längst werfen im Athener Stadtteil Exarchia die Laternen ihr fades orangefarbenes Licht auf die Straßen. Schweiß perlt Manolis von der Stirn. Seine wenigen grauen Haare sind zerzaust. Seit Stunden jagen die Finger des Zweiundsechzigjährigen über das Griffbrett des Bouzouki. Sie laufen, gleiten, klettern. Es ist, als seien sie für nichts anderes geschaffen. Manolis liebt das Instrument. Und er liebt *rembetiko*, sonst könnte er ihn nicht so spielen. So glühend, so hingerissen. Manolis singt:

> *Wahrer Sonnenuntergang, die Stunde, da es Nacht*
> > *wird*
> *Gehe ich gebeugt meinen Weg*
> *Kummer zehrt mich aus*
> *Grau sind die Haare, krumm ist mein Körper*
> *Tief hat das Leid in meiner Seele Wurzeln*
> > *geschlagen*

Kerzen flackern auf Holztischen. Kellner servieren Wein und Häppchen. Das Taximi ist ein kleines Musiklokal. Vergilbte Schwarz-Weiß-Fotos alter *rembetiko*-Stars hängen im Treppenhaus und an den Wänden. Die Bühne ist winzig. Fünf Stühle passen darauf, Mikrofone und ein Verstärker. Wie ein Mahnmal prangt darüber ein altes, lebensgroßes Foto, aufgenommen auf dem Fischmarkt in Piräus. Eine Gruppe Männer ist darauf abgebildet, in ihrer Mitte ein Musiker mit einer Saz im Schoß. Vor gut hundert Jahren entstand in den Gassen schnell wachsender Hafenstädte die Musik entwurzelter Menschen – *rembetiko*, der Blues der Griechen. Vom Überleben handeln die Lieder, vom Tod und vom Gefängnis, von weinenden Müttern und von Männern, die im Hades Bouzouki spielen.

Kaum ein Lied, kaum ein Fest in Griechenland kommt ohne das Bouzouki aus. Sein Klang ist metallisch und so verspielt wie das Glitzern der Sonne in der Ägäis. Die Griechen lieben und verehren es. Das Bouzouki ist das Nationalinstrument. Es gibt Bouzouki-Orchester, Bouzouki-Lokale, Musiker, die es im Nacken spielen und mit den Füßen, und manche wollen ohne ihr Bouzouki nicht begraben werden. Es ist das Gegenstück zur Gitarre im Flamenco. »Ohne das Bouzouki ist rembetiko undenkbar. Aber rembetiko ist nicht bloß Bouzoukimusik«, erklärt Manolis. Das Bouzouki ist überall zu hören. In den Cafés und Tavernen, auf der Polizeistation, am Strand und als Dauerberieselung in den Supermärkten. Das Wort Bouzouki ist türkischen Ursprungs und heißt »kaputt, verstimmt«. Die Herkunft des Instruments liegt irgendwo zwischen dem Balkan und China. Die erste Tonaufnahme eines Bouzouki entstand

1917 in Görlitz – aufgenommen von der Preußischen Phonographischen Kommission, gespielt von griechischen Kriegsgefangenen. In ihrem Heimatland fand das Bouzouki nur wenig Beachtung. Mühsam war sein Siegeszug. Lange hat es gedauert, bis sich das Instrument in die Herzen der Griechen brannte. Noch in den Sechzigern rümpften anständige Bürger bei seinem Klang die Nase. Es war das kümmerliche Symbol der Unterschicht, das Instrument zwielichtiger Gestalten und kauziger Kiffer. Es war die Erinnerung an die *turkokratía*, die Türkenherrschaft.

Musik ist wichtig in Griechenland. Sie ist mehr als ein Industrieprodukt, mehr als MP3 und iPod. Musik wird nicht bloß gekauft und gehört. Musik wird gelebt – Musik ist Leben! In der Antike waren Sprache, Poesie und Musik keine getrennten Dinge. Tragödie ist ein griechisches Wort. Wörtlich genommen, bedeutet es »Gesang des Ziegenbocks«. *Traghúdi* heißt Lied. Tragödie und Lied haben denselben Wortstamm. Was den Hellenen im Altertum die Tragödie und der Chor bedeuteten, bedeuten den Griechen heute Musik und Tanz. Es gibt Rock und Pop, Rap und Hip-Hop. Es gibt *dimotiká*, die volkstümliche Musik, die sich je nach Region unterscheidet. Es gibt *rembetiko*, die urbane Musik. Und es gibt *laikó*, das Volkslied. *Laikó* ist *die* Musik Griechenlands. Überall ist sie zu hören, im Dorf und in der Stadt. Alle kennen die Verse, alle mögen die Lieder, Kinder und Greise, Arme und Reiche. Was die Politik nicht vermag, *laikó* schafft es. Es eint das ganze Land. Es ist jene Musik, die in Tavernen und Souvenirshops unentwegt gespielt wird. Es sind jene

Lieder, bei denen die Griechen sich und das Leben feiern. Es ist jene Filmmusik, auf die Anthony Quinn als Alexis Sorbas tanzte. Bouzouki-Musik nennen es die Touristen.

Auch im Fernsehen wird *laikó* gespielt, in Shows, die »Zum Wohl!« oder »Die Party deines Lebens« heißen. Schöne Frauen und Prominente sitzen rauchend vor Weinkaraffen und plaudern über Gott und die Welt. Aber nicht Reden ist wichtig. Worauf es ankommt, ist Musik, ist Tanzen und Singen. Sobald die Studiomusiker ein Lied anstimmen, eilen die Gäste fingerschnippend auf die Tanzfläche. Sie singen, tanzen, jauchzen, hüpfen, klatschen in die Hände. Sie strahlen, lachen, schließen die Augen, sie genießen. Blumen werden über die Tänzer geschüttet und Teller zerbrochen. Es ist ein Rausch, die Lust am Leben. Es ist das Glück des Augenblicks. Ein Zustand, den alle *kéfi* nennen. Es ist, als könne der Mensch ohne Musik unmöglich existieren. Es tanzen der Wirtschafts- und der Außenminister, es tanzen Dorfpriester und Millionäre. Es tanzt ganz Griechenland. Zum Heiligenfest, zu Ostern, zum Namenstag, zur Taufe, vor dem Essen, nach dem Essen, wann immer einen die Lust zum Tanzen packt.

Manolis hält nichts von solchen Shows, nichts von diesem ganzen Gehabe. Er steht an der Bar und trinkt Whiskey. »Das Publikum ist launisch wie ein Kind. Die Leute wollen nicht bloß Musik. Sie wollen ein Spektakel, so wie im Fernsehen.« Musikclubs, in denen *rembetiko* gespielt wird, haben es schwer. *Rembetiko* taugt nicht für ausgelassene Partys. Es ist keine gefällig arrangierte Musik, keine rührselige *Sirtaki*-Melodie. *Rembetiko* ist so klar und unverschnörkelt wie die Säulen eines dorischen Tempels. Er hat die Sehnsucht des Fado, die Kraft des Flamenco und die Schwermut des Blues. Die Junta hatte *rembetiko* verboten. Nach dem Ende der Militärdiktatur erlebte er eine Wiederbelebung. Clubs schossen aus dem Boden, und Kostas Ferris machte Furore mit seinem Film »Rembetiko«. Doch der Boom ist lange vorbei. Manolis kennt die Musiker und die Szene. Eine Handvoll Clubs gibt es in Athen, in denen die Musik gespielt wird. Alle kämpfen ums Überleben.

Es waren Tagelöhner, Außenseiter, Entwurzelte, die *rembetiko* spielten – die *rembetes*. Seine Geburt war ein Krieg, sein Nährboden waren Entwurzelung und Armut. Beseelt vom Nationalismus und von der Erbfolge des alten Byzanz forderten die Militärs 1919 den Anschluss Kleinasiens an das Königreich Hellas. Seit der Antike siedelten Griechen an der Ionischen Küste und am Schwarzen Meer. Das Land brach mit der Türkei einen Krieg vom Zaun. Und verlor ihn. 1922 endete »i megáli idéa«, die Große Idee, in einer Katastrophe. Smyrna, das heutige Izmir, das überwiegend von Griechen bewohnt war, brannte nieder. Es kam zur ethnischen Säuberung, auf beiden Seiten. Eineinhalb Millionen Griechen mussten Kleinasien, ihre Heimat, verlassen. Sie zogen in ihr Mutterland, das sie nicht kannten, das nicht mehr bot als steinige Felder und Fische im Meer. Die Hafenstädte wurden zu Sammelbecken der Neuankömmlinge. Ermoupolis, Volos, Salonika, Piräus. Barackensiedlungen wucherten.

Slums entstanden. Der bettelarme und politisch zerrüttete Staat wusste nicht wohin mit so vielen Menschen. Musiker, Sänger und Sängerinnen aus Smyrna und Konstantinopel eröffneten nach dem Vorbild ihrer Heimatstädte schicke Musikcafés – das Café Amán. Sie brachten Tonarten mit, Lieder, Tänze, spielten auf Hackbrett, Oud und Geige.

Doch populär wurde der Sound der Bouzoukis, die Musik aus den Spelunken von Piräus. Hehler, Tagediebe, Zuhälter und Arbeiter trafen sich in Kneipen. Hasch wurde geraucht, Bouzouki gespielt. Die *rembetes* besangen das Leben, das sie umgab: Krankheiten, Drogen, Armut, das Elend. Und sie besangen das Leben, nach dem sie sich sehnten: Heimat, Glück, Freunde, die Liebe. Ihre Lieder waren kein Protest, kein Aufbegehren. Schicksalsergebenheit spricht aus den Versen. Vor allem Markos Vamvakaris begeisterte die Zuhörer. Seine Lieder sind die schmucklose Poesie des Alltags, sind musikgewordenes Leben. Wie aus seinem Körper herausgeschnitten, klingt sein Bouzouki. Vamvakaris verwendete türkische Tonleitern, die er bei den Einwanderern aus Smyrna erlernt hatte. Ohne Noten lesen zu können, wurde er zum Vater einer Musik, die man erst später *rembetiko* nannte. 1936 putschte Ioannis Metaxas an die Macht. *Rembetiko* wurde verboten. Das zwielichtige Milieu war dem Staat ein Dorn im Auge. Die Musik passte nicht zum propagierten Fortbestand antiker Ideale. Die Spelunken wurden geschlossen, Bouzoukis zertrümmert. Was an die vierhundertjährige Besatzung der Osmanen erinnerte, sollte verschwinden. Der Orient wurde zum Symbol für Rückständigkeit, zum Inbegriff für alles Unzivilisierte. Die Zukunft Griechenlands, sie lag im Westen.

Kostas Papadopoulos, siebzig, erster Frontmann, spielt jetzt das Bouzouki. Stündlich wechseln er und Manolis sich ab. Neben Kostas sitzt Alkis Mavros. Der neunundvierzigjährige Vater zweier Kinder ist Chefkassierer einer Bank. Jetzt zupft er auf dem Baglama, dem kleinen Bruder des Bouzouki. Das Instrument ist so winzig, er könnte es locker in der Handtasche der Sängerin verstecken. Eine Gitarre stimmt ein und ein Akkordeon. Fingerzimbeln schallen. Ein alter Mann aus dem Publikum steht auf. Flügelgleich breitet er seine Arme aus. Mit geschlossenen Augen bewegt er sich in engen Schritten. Er tanzt *zeibekiko*. Keine Schrittfolge ist bei dem Männertanz vorgeschrieben. Jede Bewegung entspringt dem Herzen. Der Mann führt die Hand von der Stirn zum Fußboden, stampft mit dem Absatz zum Neunachteltakt. Plötzlich springt er hoch, kommt wieder auf, trippelt selbstvergessen weiter. Niemand feuert Tänzer und Musiker an. Die Stimmung ist ein konzentriertes Zuhören. Fünf Musiker spielen ein Lied. Ein Mann tanzt. Das ist alles. Aber mit einer Drehung, mit einem Augenschließen erzählt der alte Mann aus seinem Leben. Vom Sturm, in den er mit dem Boot fuhr, und von der Ruhe danach. Von den Kreuzwegen, vor denen er stand, und den Wegen, die er nicht nahm. *Zeibekiko* wurzelt im Kriegstanz kleinasiatischer Stämme. Er ist ureigen, eine individuelle Angelegenheit. Ihn mitzutanzen heißt, vor die Füße des Tänzers zu spucken. Noch Anfang der Siebziger kam es deshalb zu Messerstechereien. Verletzte Ehre, so forderte es der Kodex, musste wiederhergestellt werden. Heute gehört *zeibekiko* allen. Auch Frauen tanzen ihn, so stolz und ernst wie die Männer.

An vier Tagen in der Woche treten die sechs Musiker im Taximi auf. Im Sommer ist der Club geschlossen. Außer Kostas Papadopoulos kann keiner von der Musik leben. Aber das schmälert nicht ihre Liebe zum *rembetiko*. »Rembetiko ist wie ein intravenöser Schuss. Er geht direkt ins Blut«, sagt Manolis. Keiner hat eine Musikausbildung. Keiner kann Noten lesen. Ihr Handwerk haben die Musiker im Wohnzimmer erlernt, beim Militär und in Tavernen. Wie alle Verliebten wird Manolis nicht müde, von den Anfängen zu erzählen. Wie er Markos Vamvakaris traf und das Bouzouki spielen lernte. »Die meiste Zeit saß Markos im kafenion und kritzelte auf Zigarettenpapier Verse. Niemand wollte ihn mehr hören.« Das war 1965. Da lag *rembetiko* wie ein toter Mann am Boden. Verpufft waren Wucht und Kraft der Vorkriegsjahre. Weich und süß klingt der *rembetiko* der Fünfziger, wie rund geschliffene Schlager aus dem Westen. Die Spelunken und Haschlieder verschwanden. Der *rembetiko* zog in mondäne Nachtclubs mit großen Bühnen und teuren Getränken. Es wurde schick, zu den Bouzoukis zu gehen, schick in einer Nacht einen Monatslohn auszugeben. Im Wettstreit um Ansehen zertrümmerten Gäste Tellerberge, warfen Bouzoukispielern Geldscheine vor die Füße. Die verpönte Musik einer unterprivilegierten Minderheit wurde zum Amüsement der gehobenen Gesellschaft. Auch das Bouzouki änderte sich. »Eine vierte Doppelsaite kam hinzu und ein elektrischer Verstärker«, sagt Manolis. Zu Virtuosen wurden die Spieler. Aber sie sangen nicht mehr, texteten nicht, schrieben keine Lieder. Beim Spielen saßen die Musiker nicht mehr nebeneinander. Der Solist stand vorne, das Instrument um den Hals gehängt, im Rücken die anderen Spieler. Dann rollten Swing über das Land, Samba und Rumba, und zum Mambo schallten die Posaunen und Trompeten. Längst war *rembetiko* nur noch ein Einsprengsel, ein musikalischer Erinnerungssplitter aus vergangenen Zeiten. Er wurde zum Fundus, aus dem sich Komponisten wie Manos Chatzidakis und Mikis Theodorakis bedienten. Sie liehen sich Melodien, schufen neue Lieder, und Mikis Theodorakis erweiterte sein Orchester um Bouzoukispieler. Aus der städtischen Subkultur der *rembetes* erwuchs *laikó*, *die* Musik von heute. Wie ein Geist löste sich *rembetiko* darin auf, als hätte es ihn nie gegeben. Zurück blieb das Bouzouki.

Es ist fünf Uhr früh. Das erste Dämmerlicht senkt sich über Athen. Eine Brise weht. Im Taximi werden Aschenbecher geleert, Gläser gespült. Die Musiker packen zusammen. Manolis und Alkis sitzen im Taxi, im Schoß die schwarzen Instrumentenkoffer. Sie fahren nach Psirri, in eine Taverne. Autos schieben sich durch die Straßen. Es sind die Heimkehrer aus den überdrehten Bouzouki-Lokalen, auf der Suche nach einem letzten Drink. Vor der Taverne stapeln sich Stühle. Tische werden gewischt. Der Wirt steht an der Kasse und addiert die Nacht zu Zahlen auf. Bouzoukis und Baglamas hängen an den Wänden, wie anderswo Gemälde. Manolis und Alkis essen, rauchen und schweigen. Eine Szene wie aus einem Film. Man sieht das Grübchen an Manolis' Kinn, den grauen Fleck in seinem linken Auge, auf dem er blind ist. Hört, wie die Kellner die Tische abräumen, spürt den frischen Morgenwind, seht, wie Manolis behutsam zum Bouzouki greift. »Bringen wir den Tod zum Tanzen«, sagt er, und seine Finger klettern über die Saiten.

Erst die Tiere, dann der Mensch

Jorgos Mokas ist einer der letzten Halbnomaden – und einer, der unbeirrbar am Alten festhält

Es ist fünf Uhr früh, und Jorgos Mokas ist längst auf den Beinen. Angekleidet lag er auf dem Bett in der Küche. Ohne zu frühstücken, ist er in die Schuhe geschlüpft, hat sich den schwarzen Wollmantel übergestreift, hat das Kreuz geschlagen, und ist dann in den Stall gegangen. Sanft legt sich das erste Dämmerlicht über Keramidi, ein Dorf in Thessalien mit fünf Straßen und nistenden Störchen auf hölzernen Strommasten. Die Söhne, Schwiegertöchter, Enkelkinder, Katzen – die ganze Großfamilie schläft noch. Jorgos Mokas, geboren an einem heißen Tag im August 1921, ist ein Mann, der zuerst an die Arbeit denkt. Sein Haar ist schlohweiß, der Schnurrbart grau. Die aufgesprungenen Hände und der gebeugte Gang erzählen aus seinem Leben. Seine Wangen sind eingefallen. Es ist der Schmerz über seine erst kürzlich an Krebs verstorbene Frau Anastasia. »Möge Gott uns verzeihen. Was ist schon der Mensch?«, sagt Jorgos Mokas und schließt die Augen und Trauer überkommt ihn. Er ist ein gottesfürchtiger Mann mit unerschütterlichen Grundsätzen. Und er ist ein Mann mit dem Kalender im Leib. Er ist einer der letzten Halbnomaden Griechenlands. Es ist der 10. Juni 2006. Für Jorgos Mokas könnte es auch 1950 sein. Seitdem er zurückdenken kann, folgt er den Schafen, oder sie folgen ihm. So wie sein Vater,

Großvater und alle anderen Mokas davor. Jeden Frühling zieht er mit siebenhundert Schafen und fünfzig Ziegen hinauf auf die Weiden des zweitausendsechshundert Meter hohen Pindos. Dorthin, wo Kalarites liegt, das Dorf, in dem er zur Welt kam. Dorthin, wo das Gras sattgrün ist und das Plätschern der Brunnen nie verstummt. Fünf Monate werden er und sein jüngster Sohn Petros, fünfundvierzig, bleiben. Vor Wintereinbruch geht es wieder zurück ins Tal nach Keramidi. Nein, er wüsste nicht, an was er sich besonders erinnern sollte. Sechsundsiebzig Jahre Schafauftrieb, Schafabtrieb. Bei Regen, Hagel, Schnee und stechender Sonne. So war es, so ist es, so wird es immer sein, solange Jorgos Mokas atmen kann. Da wird man gleichmütig. Selbst angesichts der herrischen Schönheit des Pindos. Dass er zwei Mal in seinem Leben den Hof nicht verlassen konnte, daran erinnert er sich gut. Zwischen 1945 und 1949 tobte der Bürgerkrieg, und im Pindos kämpften die Partisanen.

Zweihundert Kilometer sind es von seinem Wohnort Keramidi bis zu seinem Geburtsort Kalarites. Zwei Wochen dauerte früher die Wanderung. Den Hausrat und die drei Söhne trugen sechs Maulesel und zwei Pferde. Oft waren sechs, sieben Familien gemeinsam unterwegs. Ein wanderndes Dorf, ein Viehtreck mit Tausenden Schafen. Früher, das war bis Mitte der Siebziger, als es in Thessalien keine Schnellstraßen gab und Autos noch Symbole des Fortschritts waren. Heute ist an ein Durchkommen nicht zu denken. Deshalb hat Jorgos Mokas zwei Lastwagen bestellt. Sie werden die Tiere zum Fuße des Pindos transportieren. Er und Petros melken jetzt im Eiltempo. Erst dann können die Tiere verladen werden. Milch spritzt in Blecheimer und auf Hosenbeine. Vier Schafe büchsen aus. Auch im Haus herrscht hastige Emsigkeit. Rufe schallen über den Hof. Frauen packen Kleider, verschnüren Säcke. Zwei Hühner werden im selbst gebauten Wohnwagen verstaut. Auch zwei Hunde finden Platz. Cousins und Tanten, die halbe Verwandtschaft hat sich im Morgengrauen zum Abschied eingefunden. Hände fuchtelnd reden sie durcheinander. Den Dahinziehenden haben sie Brot und Gebäck mitgebracht. Sie wünschen ihnen *kaló kalokéri*, einen guten Sommer. Umarmungen. Küsse. Ein Winken. Jorgos Mokas klettert in das Führerhaus des Lastwagens. Er will bei der Herde sein. Die Herde ist sein Leben. »Hör zu!«, sagt Jorgos Mokas, »Zuerst kommen die Tiere, dann der Mensch.« Mit der *glítsa*, einem kerzengeraden Treibstock aus dem Holz des Kornelkirschbaums, schlägt er durch das offene Fenster gegen die Beifahrertür. Dieselmotoren röhren auf. In drei vollgestopften Autos folgen seine drei Söhne dem blökenden Konvoi.

Der Treck fährt durch Trikala und Kalambaka. Städte, die vor hundert Jahren Dörfer waren inmitten brachliegender Felder. Heute schrumpfen Felder und statt ihrer wachsen Häuser und Straßen, planlos und wild. Über Jahrhunderte hinweg lag Griechenland im bukolischen Schlummer. Als im 19. Jahrhundert Europäer durch Griechenland reisten, fanden sie ein rückständiges Land vor, in dem, so schien es ihnen, die Zeit stillstand. Es gab keine Fabriken, keine Züge, und die wenigen Straßen waren in einem erbärmlichen Zustand.

Besitzlose Bauern lebten in Hütten. Clans zogen mit ihren Tieren umher, auf der Suche nach Weideland. Auch die Mokas wanderten. Jeden Winter stiegen sie von Kalarites hinab ins milde Flachland Thessaliens. Sie pachteten Grasland, melkten Schafe, brachten in wollenen Zelten Kinder zur Welt. Aber ein neues Zeitalter war angebrochen. Leise und unmerklich änderte sich das Leben. Und mit den Veränderungen kam das Ende einer nomadischen Lebensform. Von der Armut zermürbte Bergbauern wanderten ab ins Tiefland. Sie waren auf der Suche nach Arbeit und einem leichteren Leben. Ebenso ins Tiefland strömten eineinhalb Millionen griechische Flüchtlinge aus Kleinasien. Ein Bevölkerungszuwachs von dreißig Prozent! Den Neuankömmlingen wurde Land zugewiesen. Sesshaftigkeit auf der eigenen Scholle war das Programm. Aus Weideflächen wurden Äcker, Gärten, Plantagen. Dörfer und Städte entstanden. Zäune wurden gezogen. Geburtsschein, Schulpflicht, Wehrpflicht, Meldepflicht, fester Wohnsitz, Staatsgrenzen, die umstritten waren und die es zu bewachen galt – in der neuen Ordnung des jungen Staates waren nomadisierende Hirten und Schäfer nicht vorgesehen. Die Mokas erkannten die Zeichen der Zeit. 1926 kauften sie am Rande Keramidis neunhundert Hektar Weideland.

Am rauschenden Fluss Achelóos hält der Konvoi. Der Regen hat aufgehört. Die Luft riecht nach nasser Erde. Nebel steigt auf. Der Maultierpfad, heute eine breite Piste, schlängelt sich durch den Fichten- und Tannenwald, hinauf zum neunzehnhundert Meter hohen Baros-Pass. Die Tiere werden ausgeladen. Ihr Bimmeln, Meckern und ewiges Blöken durchdringt das grasgrüne Tal. Jorgos Mokas schwingt den Viehstock, treibt an: »Brr«, »Ejaa, Ejaa«. Die Hunde bellen. In Pulks trottet der Zug über den Fluss. Es ist ein Meer von zotteligen Fellen, ein wogendes Kornfeld, das sich stoisch bergauf bewegt. Durch moosbewachsenes Unterholz. Über eine mit Veilchen gesprenkelte Wiese. Vorbei am verlassenen Kloster der »Milch spendenden Muttergottes«. Es ist, als wären die Tiere schon immer diesem Pfad gefolgt, als gingen sie zurück in den Stall. Die Söhne sind zum Nachtlager vorausgefahren. Es ist eine Lichtung am Fluss. Negri nennen sie es. Schon ihre Urgroßväter lagerten dort, bewachten die Herde, dreitausend Schafe, in der Hand Messer und Pistolen. *Kléftes* schlichen umher, Wegelagerer, Strauchdiebe, die vom Viehraub lebten. »Oft wurden Tiere gestohlen«, sagt Jorgos Mokas. Als Kind hat er das alles miterlebt. »Bei einem Überfall starben drei Räuber und einer unserer Männer. Es waren unsichere Zeiten.« Die Ankunft im Nachtlager ist ein Ritual. Mit flinken Handgriffen haben die Söhne ein *mandrí*, ein rundes Gehege aus Stangen und Nylonplanen aufgebaut. Über dem Feuer kocht ein Kessel *manéstra*, eine Nudelsuppe mit Lammfleisch. Aber das Essen muss warten. Erst die Tiere, dann der Mensch. Die Ziegen und siebenhundert Schafe müssen gemolken werden, Rasse Bútsika, ein kurzbeiniger, robuster Schafstyp, gut im Fleisch und in der Milch, mit »rötlichem Gesicht«, wie die Mokas sagen. Gemolken wird sieben Monate im Jahr. Im Dezember und Januar täglich drei Mal. Sonst zwei Mal pro Tag. Ein

Liter Schafsmilch ergibt einen Euro. In Spitzenzeiten schafft die Herde hundertvierzig Liter täglich. Nach eineinhalb Stunden Melken geht die Arbeit weiter. »Sie hört nie auf«, sagt Jorgos Mokas. Käse wird gemacht, Wasser geholt, Brennholz gesammelt, Milchkannen werden ausgewaschen, Töpfe gescheuert, und die Herde, unruhig und scharrend, will augenblicklich wieder grasen.

Nachts sitzen die Männer auf einem Stoß Tannenzweige. In ihren Augen spiegeln sich die Flammen des offenen Feuers. Sie reden in ihrer Muttersprache. *Lapte* heißt Milch und *lup* Wolf. Die Mokas sind Walachen. Sie sprechen Wlachika, eine romanische Sprache, die nicht geschrieben und in der Schule nicht unterrichtet wird. Nur wenige sprechen sie noch. Sterben die Alten, stirbt Wlachika. Die gut zweihunderttausend Walachen sind vor allem im Epirus und in Thessalien beheimatet. Es ist ein stolzes Viehzüchter- und Hirtenvolk, mit einem Gefühl von tiefer Verbundenheit. Mit der Tradition und dem Clan. Bis in die Sechziger waren Mischehen undenkbar. Der moderne Großstädter spottet über sie. Einen Bauerntölpel nennt er Wlachos. Ein Scherz, der die Wirklichkeit verdreht. Walachen waren nicht nur Schäfer und Bauern. Manche zählten zu den erfolgreichsten Kaufleuten und Bankiers, zu den größten Wohltätern Griechenlands. Sie handelten mit Decken, Leder, Silberschmuck, lieferten Wollcapes an Napoleon Bonapartes Armee. Sie reisten nach Triest und Venedig, lebten in Konstantinopel, Wien und Alexandria. Ein Walache wurde 1834 Premierminister. Ein Walache stiftete die Nationalbibliothek. Ein Walache finanzierte für die

Olympischen Spiele 1896 den Bau des marmornen Stadions in Athen. Mit der Abwanderung in die Städte und dem Erwerb von Land ergriffen im 20. Jahrhundert die meisten Walachen bürgerliche Berufe. So wie die Söhne von Jorgos Mokas. Grigoris arbeitet als Lebensmittelchemiker, und Spyros ist Baumwollhändler. Nur Petros ist Viehzüchter geworden. Er wird einmal Hof und Vieh übernehmen. Er will den Stall renovieren, Melkmaschinen kaufen. Ob Petros wie sein Vater jeden Frühling mit der Herde in die Berge ziehen wird, steht in den Sternen. Viel hängt von den Zuschüssen der EU ab. Ohne die Hilfsgelder können Schäfer nicht überleben. Die Mokas schließen die Tür zum Wohnwagen. Bei Tagesanbruch müssen die Tiere gemolken und das Gehege abgebaut sein.

Am nächsten Tag glühen die Berge im Morgenlicht. Darüber, wie blank gescheuert, ein makelloser blauer Himmel. Bis zu den Weidegründen ist es ein Tagesmarsch. Kein Grund zur Hast. Jorgos Mokas hat Engelsgeduld. Grast die Herde, legt er sich hin und bettet den Kopf gegen einen Stein. Er schaut in den Himmel, summt ein Lied. Im Herzen aber seufzt er und denkt an seine Frau. Manchmal kramt er aus seiner wollenen Tasche ein Büchlein mit Bibelsprüchen hervor. Er liest, murmelt leise Worte vor sich hin. Ist ihm etwas wichtig, schreibt er in ungelenker Schrift in ein zerknittertes Heftchen:

»Süß sind die Worte Jesus Christus.«

»Der Teufel hat das Geld gemacht.«

Vier Schuljahre hat Jorgos Mokas hinter sich. Danach erlernte er die Handgriffe des Lebens, begann in den Regungen der Tiere zu lesen.

Wolken ziehen. Hummeln klettern im Gras. Unterhalb der Bergkuppen haben sich letzte Schneefelder festgekrallt. Dann der windzerzauste Baros-Pass. Hier oben verläuft die Grenze zwischen Thessalien und Epirus. Einer Festung gleichen die Berge des Pindos. Immer beschränkte sich der Machtbereich durchziehender Herrscher auf die Küsten und Täler. Nie gelang es ihnen, den Pindos vollständig zu kontrollieren. Nicht den Römern, nicht den Osmanen. Auch nicht den Truppen Mussolinis. 1940 blieben die angreifenden Italiener in den Bergen stecken.

Schon Wochen zuvor sind die ersten Herden auf den Weidegründen bei Kalarites eingetroffen. Bald werden es zwölftausend Schafe sein. Aber von Jahr zu Jahr kommen weniger. Griechen mögen Lamm. Besonders zu Ostern. Dann drehen sich die Spieße im ganzen Land. Aber niemand will Schafe hüten oder sie melken und womöglich wie sie riechen. Und die Alten schaffen es nicht allein. Albaner machen nun die Arbeit. Schäferhunde knurren. Sie tragen Eisenringe um den Hals mit messerscharfen Metallspitzen. Kein Wolf soll ihnen den Nacken durchbeißen. Ankunft in Kamara. Jeder Weideplatz, jeder Flecken begraster Erde ist benannt. Wilde Birnbäume blühen auf dem steinigen Hang. Dahinter stürzt die Erde fünfhundert Meter steil hinab. Die zwei Söhne kehren zurück nach Keramidi. Petros und Jorgos Mokas bleiben und richten sich ein. Ein vier Meter langer Wohnwagen, darin Gaskocher und Radio, eine Petroleumlampe, ein Bett für Jorgos Mokas und für Petros eine Matte auf dem Boden; hundert Meter weiter ein Drahtgehege, ein Brunnen und ein Wasserschlauch und zum Melken ein winziger Verschlag aus rostigem Wellblech, durch den es regnet – das ist die Welt der Mokas für die nächsten fünf Monate. Ab und zu kommen benachbarte Hirten zum Plausch, den Viehstock in der Hand. Pavlos, Tassos, Dimitris. »Pes mou ta néa sou«, fragen sie, »Was gibt es Neues?« Wolken ziehen. Grashalme zittern im Wind. Im Mantel, mit einer Wollmütze auf dem Kopf liegt Jorgos Mokas abends im Bett. Gekrümmt. Die Knochen schmerzen. Und sein Herz auch. Nie beklagt er sich. Nichts erzählt er von den Jahren, in denen er draußen neben der Herde schlief. Nachts. Eingemummt im Wollcape. Bei Frost, im Regen, bei Wind. Etwas anderes zu tun als das, was er tut, etwas anderes zu sein, als das, was er ist – es käme ihm nie in den Sinn. Von Anastasia erzählt er gern. »Sie war eine gute Frau. Jedes Jahr zogen wir gemeinsam mit den Tieren in die Berge.« Alles, was Jorgos Mokas am Körper trägt, hat seine Frau aus Schafswolle gewebt. Socken, Hose, Hemd, Weste, Pullover, Jacke, Mütze, Unterhose, Cape. Die Welt von Jorgos Mokas hat sich in all den Jahrzehnten nicht verändert. Es ist die Welt um ihn herum. »Heute ist das Leben viel leichter«, sagt er, »besser ist es nicht.«

Der Sonntag ist der Tag des Herrn. Jorgos Mokas macht sich auf den Weg zur Messe in Kalarites. Vier Kilometer über Stock und Stein. Für Jorgos Mokas ein Spaziergang. Zur Feier des Sonntags schlüpft er eigens in seine *tsarúchia*, schwarze, genagelte Lederschuhe, die wie Pantoffeln aussehen. Es ist sechs Uhr früh. Die Herde ist längst gemolken und Jorgos Mokas nur noch ein Punkt in der Ferne. Erst die Tiere, dann der Mensch.

Der Traum vom Garten Eden

Vor gut dreißig Jahren suchten zweihundert deutsche Aussteiger auf der Insel Ithaka nach Wegen zu einer neuen, besseren Gesellschaft

Am Eingang zum Garten Eden steht ein hölzernes Schild. »Sarakiniko Retreat. Bitte nicht stören!« ist darauf zu lesen. Retreat heißt Ruhesitz, Zufluchtsort. Sarakiniko ist der griechische Name des zweiundsiebzig Hektar großen Hügellands hinter dem Schild. Es ist eine Landzunge im Südosten der Insel Ithaka mit Blick auf das Ionische Meer. Ein Stück Erde mit achthundert Olivenbäumen, Zypressen und Pistaziensträuchern, mit Ginster, Salbei und Johanniskraut. Ein Ort, den die deutschen Aussteiger, die 1979 hierher zogen, so schön fanden, dass sie ihn »Garten Eden« nannten. Sieben Buchten und zwei Strände gibt es auf Sarakiniko. Blau und grün schimmert das kristallklare Meer. Und über all dem wölbt sich ein Himmel, unendlichblau, durchschnitten von zwitschernden Graumeisen und Schwalben.

Es ist alles da im Garten Eden. Nur kein Mensch ist zu sehen. Zugewachsene Pfade führen vorbei an Zisternen, Trockensteinmauern und alten runden Dreschplätzen. Sie führen zu Behausungen, von denen manche aussehen wie eine verlassene Astronautenstation in der Macchia – weiße, Polyester beschichtete Kuppelzelte mit runden und dreieckigen Fenstern. Auf Sarakiniko ist es ein bisschen wie auf Athos, dem heiligen

Berg. Man schreitet über eine Grenze, die zwei Welten trennt, die einteilt in drinnen und draußen. Man wandert durch die andächtige Stille einer scheinbar sich selbst überlassenen Natur und steht dann unerwartet vor der Hütte eines Eremiten. Aber nichts regt sich, niemand ist zu sehen. Bis man laut und mehrmals ruft.

Ein weißhaariger Mann schlappt aus der Hütte, in der Hand eine Gießkanne. Er ist nackt und gebräunt. Er trägt Badeschlappen und eine Sonnenbrille. Rolf Brunner, dreiundsechzig, Exunternehmensberater und Vater dreier Kinder, ist einer der letzten elf von einst über zweihundert Deutschen, die nach Sarakiniko aufbrachen – und noch immer dort leben. Zusammen mit Freundin Klara, dreiundfünfzig, und Tochter Kaya, dreizehn, wohnt er in einem über die Jahre hinweg selbst gebauten Hüttenkomplex aus Holz, Stein, Glas und Heraklith-Platten. Es sieht aus wie eine Mischung aus Glashaus und Schrebergartenhütte. Im Hof stehen Gasflaschen und eine Zinkbadewanne. Von der Dachrinne führen Fallrohre in Wassertanks. Der Garten Eden ist an kein Wassernetz angeschlossen. Kein Strom- und kein Telefonmast ragt aus der roten Erde. Im Garten Eden sind Fernseher und DVD-Player solarbetrieben, Kühlschränke laufen mit Gas, und das Brauchwasser regnet vom Himmel.

Rolf Brunner sitzt im Hof unter dem Olivenbaum und nippt am Cowboy-Kaffee, einem Kaffee, der aufgebrüht und nicht gefiltert wird. Sarakiniko verlässt er selten. Er sagt, er habe viele Bekannte im drei Kilometer entfernten Vathi, dem Hauptort Ithakas. Aber er mag keine zu engen Beziehungen. Rolf Brunner lebt, wie man so lebt, wenn es warm ist und die Sonne ewig scheint und nichts auf der Agenda steht, keine Besprechung, keine Arbeit. Er macht Frühstück, gießt den Garten, döst, liest den *Spiegel*, holt seine Tochter mit dem Auto von der griechischen Schule ab, schaut Fernsehen, hält ein Mittagsschläfchen, schwimmt, trinkt abends auf dem Balkon ein Glas *ouzo* und schaut zu, wie die Fähren im Abendlicht geräuschlos durch das Meer pflügen. Kein Fernweh beschleicht ihn. Nach Deutschland fährt er nur, wenn es sein muss. Die Familie kommt mit fünfhundert Euro im Monat aus. Miete aus Deutschland kommt rein. Gelegentlich macht Rolf Brunner auch kleine und größere Geschäfte. »So einmal im Jahr vielleicht.« Er kennt sich aus mit Immobilien auf Ithaka, kennt Leute, die Häuser und Grundstücke verkaufen und Leute, die welche suchen. Von Grundstückspreisen redet er oft. Es ist, als habe Rolf Brunner im Leben alles erreicht. Jetzt führt er ein familiäres Einsiedlerdasein. Es ist das Gegenteil von dem, was die Menschen im Garten Eden einst zu leben beabsichtigten.

»Ich war sechsunddreißig. Ich hatte Karriere gemacht. Aber der Job begann mich zu langweilen«, sagt er. Er hatte im Radio von einem Projekt gehört: »Alternatives Leben auf einer griechischen Insel. Zweihundert Verrückte gesucht.« Rolf Brunner war nicht verrückt, er hatte Träume, Wünsche, Sehnsüchte. »Aber ein Hippie bin ich nie gewesen«, fügt er hinzu. Er schaute sich das Projekt an, dachte nach und ließ sein Leben in Deutschland hinter sich.

Es ging um ein autarkes Leben inmitten der Natur, um ein »offenes und liebevolles Miteinander«, um Seelenfrieden und Selbstverwirklichung. Und es ging um Sonne, ums Meer und um das Gefühl grenzenloser Freiheit. Aber so sagte das keiner. Man wollte weg von Besitzstreben und Besitzdenken, wollte die Isolation der Kleinfamilie und die Trennung von Arbeit und Freizeit durchbrechen. Man suchte nach Wegen zu einer neuen, besseren Gesellschaft. Es meldeten sich Lehrer, Maurer, Schauspieler und Ärzte, Musiker, Studenten, Fabrikanten und Pfarrer. Menschen, die sich eingeengt fühlten und fremdbestimmt, die unzufrieden und enttäuscht waren von der Politik, vom Weltverlauf, von der Liebe, vom eigenen Leben. Für zehntausend Mark wurden sie Gesellschafter der »Sarakiniko Alternatives Leben GmbH«. Sie erwarben das Recht, auf Sarakiniko zu leben.

1979 trafen die ersten dreißig, vierzig Siedler auf Ithaka ein. »Die meisten wussten nicht, wohin sie gehen«, sagt Rolf Brunner. »Anfangs herrschte unbändige Euphorie, ein starkes Wir-Gefühl.« Das war auch nötig. Knochenarbeit wartete. Roden, Zeltdörfer errichten, alte Zisternen erneuern, Brunnen bohren, Fußwege und Beete anlegen, Gemüse ziehen, Getreide mahlen, Birnbäume veredeln und Oliven pflücken. Und alles musste auf dem Rücken geschleppt werden, selbst das Wasser. Bis heute gibt es keine Straßen im Garten Eden. Beim Hacken der Erde fühlten sich die Siedler wie in einem Steinbruch. Seltsam erschienen ihnen auch die Jahreszeiten. Im Sommer vertrockneten Nutz- und Zierpflanzen, und die Aussaat war nur im Winter möglich. Das Bauen von Trockensteinmauern wollte ebenfalls nicht gelingen. Sie fielen immer wieder zusammen. Die jahrhundertealten Terrassen der Griechen dagegen standen wie Mauern eines Bollwerks. Die Siedler teilten die Arbeit ein in eine Bau-, Woll-, Holz-, Imker-, Kräuter- und Gartengruppe. Eine andere Gruppe stellte Taschen, Kämme und Knöpfe aus Olivenholz für den Verkauf in Deutschland her. In Küchengruppen wurde gemeinsam gekocht und gegessen. Hühner und Ziegen wurden gehalten. Für die Pferde wurde Hafer angebaut. Die GmbH zahlte anfangs jedem Siedler fünf Mark Tagegeld. Im November 1981 lebten zweiundfünfzig Erwachsene und dreizehn Kinder auf Sarakiniko. Was sie an Hilfsmitteln brauchten und was sie durch Eigenanbau nicht selbst erwirtschaften konnten – und das war das Meiste – wurde mit Pferden und Maultieren in Vathi gekauft. Die Griechen staunten. Sie stiegen gerade vom Esel in den Volkswagen um, da kamen plötzlich Fremde aus einem reichen Land, die lieber neben einem Esel liefen als im Volkswagen zu sitzen.

Das ist vorbei. Es ist Geschichte, zerronnen zur Anekdote. Dort, wo das hölzerne Schild angebracht ist, stehen heute Autos und Motorräder. Der Parkplatz ist eine Art Treffpunkt. Manchmal begegnen sich hier zufällig die elf Bewohner Sarakinikos. Mike Long zum Beispiel, siebzig, Engländer, der diesen Winter in Thailand Urlaub machte, weil es ihm zu kalt und zu einsam war im Garten Eden. Oder Lucio Bramato, sechsundfünfzig, schlank, mit dunklen Haaren, die bis zur Hüfte fallen, und der schon öfters vor aufgebrachten griechischen Ehemännern flüchten musste. Oder Romy Andohr, sechzig, die mit ihrem Mann jahrzehntelang in einer winzigen Baumhütte lebte, wo ihre Tochter zur Welt kam und für die die größte Lebensaufgabe darin besteht, sich selbst zu finden. Sie tauschen Neuigkeiten aus oder verabreden sich zum Grillen. Liegt ein Thema an, das alle betrifft, wird eine Notiz am Parkplatz angebracht. Dann melden sich die anderen. Oder auch nicht. Im Garten Eden begegnet man eher Wildziegen und Mardern als Menschen. Im Sommer ist das anders. Dann kommt, was die elfköpfige Siedlerfraktion die Urlaubsfraktion nennt. Das sind jene zirka fünfundsiebzig Gesellschafter, die in Deutschland leben und auf Sarakiniko ihren Urlaub verbringen. Cornelius Sommer, sechsundfünfzig, ist einer von ihnen. Er ist Geschäftsführer der GmbH. Er ist ein Mann der ersten Stunde, einer, der fünf Jahre lang auf Sarakiniko gelebt hat und den sie in Trier, seinem Wohnsitz, Odysseus nennen. Er hat leicht ergrautes, schulterlanges Haar und sitzt in Badehosen auf dem Balkon. Es ist heiß. Der Tag brennt wie eine in Flammen stehende Kiefer. Cornelius Sommer ist mit seiner Frau gekommen. Sie lassen »die Seele baumeln«, besuchen Freunde. Das Paar liest gerade ein Buch. Es geht um Philosophie, Weltpolitik, um Ideen von Kant, Luther, Heraklit. Das Kommunistische Manifest kennen beide in- und auswendig. »Kuba und Venezuela sind unsere Hoffnung«, sagt Sommers Frau.

Cornelius Sommer kam im Juni 1979 nach Ithaka. Er gab seine Stelle als Landschaftsplaner auf. »Das kann nicht alles gewesen sein«, sagte er sich. Da war er achtundzwanzig Jahre alt. Er sah zum ersten Mal das Mittelmeer. Griechenland kannte er »aus der Theorie.« Er stand im Hafen von Vathi, auf den Schultern ein Rucksack, in den Händen zwei Plastiktüten. Gut eine Million Mark waren darin. So viel kostete Sarakiniko. Das Finanzamt Ithakas wollte das Geld sehen. Man zweifelte daran, dass Langhaarige in kurzen Hosen und ausgefransten Batikshirts im Besitz einer solchen Summe sein können. Auch die Bewohner Vathis blickten misstrauisch auf die Neuankömmlinge. Wozu kaufen die so viel Land? Was wollen die? Es gab ein wenig Protest. Jugendliche schmierten Hakenkreuze an die Wand. Eine Abordnung der Siedler besuchte den Bürgermeister, informierte über ihre Ziele. »Es wurde schnell klar, dass wir harmlos sind.« Klar wurde allmählich auch, wohin das Schiff der deutschen Auswanderer steuerte. 1984 kehrte Cornelius Sommer zurück nach Trier. Er sagt, Sarakiniko habe sein Leben geprägt. Er sei dankbar, so viel erlebt, so viele Menschen kennengelernt zu haben. »Und ich bin noch immer verrückt«, sagt er und lacht. Das Projekt sei nicht tot und auch nicht gescheitert. »Es bewegt sich«, meint er. Nur wohin? Jetzt lässt er neben der alten Gemeinschaftsküche, einem ausgedienten Bundeswehrzelt, ein Ferienhäuschen aus hölzernen Sechsecken errichten.

Was sich auch verändert im Garten Eden, es geschieht im Schneckentempo. Sarakiniko ist wie eine Insel, die in einer anderen Zeitzone liegt. Auf ihr ticken die Uhren im Rhythmus eines Griechenlands, das nur auf Schwarz-Weiß-Fotos existiert. Um sie herum verändert sich alles rasend schnell. Das Lebenstempo der Griechen hat sich verdoppelt. »Im Sommer hat keiner Zeit. In Vathi rennt jeder von einem Geschäftstermin zum nächsten«, sagen sie auf Sarakiniko. Sommer ist »business-time«. Qualitätstourismus statt Billigferien lautet das Credo. Ithaka ist so etwas wie eine Fünf-Sterne-Insel im Ionischen Meer. In den Buchten ankern Jachten, auf deren Decks Bedienstete Handtücher reichen und anschließend den Aperitif. Seitdem Homer und Konstantinos Kavafis Ithaka ein Denkmal gesetzt haben, scheint jeder Skipper davon zu träumen, einmal im Leben nach Ithaka zu segeln. Versteckt hinter Rosenhecken und efeubewachsenen Zäunen liegen in manchen Buchten herrschaftliche Anwesen. Überall auf Ithaka werden Häuser gebaut, überall stehen Schilder: »For Sale«. Die Preise ziehen an. Für ein Hotelzimmer, ein Abendessen, ein Kilo Tomaten. Und beinahe täglich fliegt ein Hubschrauber über die Köpfe der Deutschen. Er gehört einem griechischen Millionär, der bei Vathi ein großes und baumloses Areal gekauft hat und der nun angeblich uralte Ölbäume aus Italien einfliegen lässt, weil ein Menschenleben nun mal zu kurz ist, um zu warten bis junge Ölbäume fünfhundert Jahre alt werden. Da passt es gut ins Bild, wenn Rolf Brunner anmerkt: »Sarakiniko ist ein Gelände mit Milliardärsniveau!« Zeit, Raum, Ruhe und eine saubere Umwelt sind Luxusgüter, die es in keinem Duty-free-Shop gibt und über die nur die Reichen verfügen – und die Bewohner von Sarakiniko.

Aber selbst im Garten Eden wird es eng. Gebaut wird viel. »Sarakiniko ist billiges Bauland«, sagt Rolf Brunner und schaut rüber zu den neuen Häusern der Urlaubsfraktion. Die werkelt und schraubt. Sie hat Geld, sie kommt mit Kindern, und sie altert. Wer möchte schon mit siebzig in einem der alten, stickigen Kuppelzelte seinen Urlaub verbringen? Noch dazu ohne Panoramablick. Kürzlich feierte ein neuer Gesellschafter Richtfest. Es gab Gulasch und Wein. Zweistöckige Häuser entstehen, mit »richtigem« Bad und Klo und Terrasse, mit neuester Solartechnologie und Satellitenschüsseln. Annehmlichkeiten, von denen die Pioniere, deren Zelte im ersten Wintersturm davonflogen, in manchen Augenblicken geträumt haben mögen. Die alten Behausungen zerfallen. Sie sind zu Denkmälern geworden für eine Zeit, in der Menschen nach Utopien griffen und nicht über Utopien lachten. In Plumpsklos mit einem Zehn-Millionen-Dollar-Blick hängen Spinnennetze. Unter einem Ölbaum steht ein verrostetes Fahrrad, mit dem Korn gemahlen wurde. Eine Freiluftdusche, ein Gewächshaus, ein Stromgenerator mitten im Gelände, alles seit Jahren nicht mehr in Gebrauch. Durch die aufgestoßene Tür einer verlassenen Holzhütte fegt der Wind und zupft an Gardinen. Es ist, als wären ihre Bewohner aufgestanden und einfach davongegangen: Auf dem Boden Matratzen, im Regal Bücher und Ratgeber, für den Handwerker, die Gesundheit, die Seele. Bierflaschen stehen auf der Fensterbank, zerfledderte *Spiegel*-Hefte aus dem Jahr 1986 liegen auf dem Tisch. Neben einem Webstuhl stapelt sich Schafwolle. Auf einem Brett steht von Kinderhand mit Kreide geschrieben:

»Frohe Weihnachten«. Und überall Staub und Kot von Fledermäusen und Mardern. Auf Schulheften, Kinderschuhen, Jacken, Pferdegeschirr. Sarakiniko zu durchstreifen, ist wie eine Wanderung durch ein ausgegrabenes Dorf. Mit jedem neuen Fund fragt man sich nach dem Warum.

Axel Ried, heute einundvierzig, hat alles miterlebt. Von Anfang bis zum Ende. Er ist ein Sarakiniko-Kind. Als Dreizehnjähriger zog er mit seinen Eltern von Köln in den Garten Eden. »Für Kinder war Sarakiniko das Paradies!«, erzählt er. Er ritt nackt auf Pferden. Er legte Fallen, jagte Wildziegen, fischte tagelang im Meer. »Ich habe wie ein Indianer gelebt.« Er ging in die Schule, die auf Sarakiniko gegründet wurde und in der auch Cornelius Sommer unterrichtete. Aber die Schule löste sich nach drei Jahren wieder auf. Axel Ried hat keinen Schulabschluss, keine Berufsausbildung. Aus ihm ist ein Handwerker geworden, der gelernt hat, »wie ein Grieche zu improvisieren und so sorgfältig zu arbeiten wie ein Deutscher«. Er weiß, wie man Gold schmiedet, Bienen züchtet, kennt sich aus mit GEL-Akkus und Photovoltaik. Die Urlaubsfraktion ist einer seiner Kunden. »Sarakiniko hat mein Talent gefördert«, sagt er. Auf der gekachelten Terrasse seines Hauses fertigt er gerade eine Vitrine an. Reggae läuft. Wenn er Pause macht, blickt er auf ein glitzerndes Meer. Aber er ist unzufrieden. »Sarakiniko ist eingeschlafen. Es ist ein Urlaubsparadies für Rentner«, bedauert er. Gemeinsame Unternehmungen gebe es keine mehr. Allenfalls gemeinsames Grillen.

Das sozialistische Kollektiv, es hat vielleicht nie existiert. Fast alle Paarbeziehungen brachen nach Ankunft im Garten Eden auseinander und formierten sich neu. Statt auf Feldern zu ackern, saßen viele Siedler lieber am Strand und spielten Gitarre und kifften. Sie hatten alle Zwänge hinter sich gelassen und sollten nun wie in einem Arbeitslager eingeteilt werden, zum Ackerbau, zum Abwasch? Und dann die Streitereien: wegen Milchziegen, die Blumen auffraßen; wegen Tomaten, die im Kühlschrank nicht neben Käse liegen durften; wegen Feuerlöschern, die unter jedem Olivenbaum deponiert werden sollten. Zu unterschiedlich waren die Menschen, auch wenn es der erklärte Wunsch war, unterschiedlich sein zu wollen. Ideologische Grabenkämpfe brachen aus. Es fochten Makrobioten, Trotzkisten, Osho-Anhänger, Tantriker, Anarchisten, Astrologen, Anthroposophen. »Und die Sannyasins flogen im LSD-Trip durch die Gegend«, erinnert sich Axel Ried. Jeder lebte sein Paradies. Was gewollt war. Denn jeder sollte sich entfalten und in Freiheit leben können.

An Tatkraft und Ideen hat es dem Projekt nicht gemangelt. Windräder wurden gebaut, eine Biogas- und eine Entsalzungsanlage ausgetüftelt. Sogar eine Materialseilbahn war geplant. Wenig funktionierte. Kinder kamen auf Sarakiniko zur Welt. Feste wurden gefeiert, Versammlungen abgehalten. Man kann sein Glück finden auf dieser sonnendurchfluteten Landzunge. Und seinen Untergang. Einen Selbstmord hat es auf Sarakiniko gegeben. Die Leiche wurde erst nach Monaten gefunden. »Es war eine Zeit ganz starker Gefühle«, sagt Axel Ried. Das Projekt zog viele Menschen an. Sogar junge Griechen kamen, obwohl es für Griechen unvorstellbar ist, freiwillig den Komfort der Gegenwart gegen »die Mühen der Steinzeit« einzutauschen. Zuweilen lebten auf Sarakiniko mehr Besucher als Siedler.

Von insgesamt zwei Millionen Mark standen den Aussteigern eine Million für den Aufbau ihrer Welt zur Verfügung. Für Baumaterial, Lasttiere, Essen, Saat, Werkzeug. 1983 war die Kasse leer, das Geld »aufgefressen«. Von da an musste sich jeder selbst versorgen. Garten Eden wurde zum Überlebenstraining. Manche Siedler hatten in Deutschland alles aufgegeben. Plötzlich standen sie vor dem Nichts. 1986 kam es zum Massenexodus. »Jeden Tag ging ein anderer zurück.« Weil man sich selber mitnimmt, wohin man auch geht. Weil Freiheit zum Gefängnis und das Leben mitten in der Natur zur Beengtheit werden kann. Weil eine trockene und steinige Erde, die zu nichts taugt, auch keinen Deutschen ernährt. Und weil sich irgendwann die Frage aller Fragen stellt: Wovon leben? Von Oliven? Salbei? Von Jobs, die Albaner für fünf Euro die Stunde erledigen und von denen man sich heute keine zwei Kaffee leisten kann? Geld ist das Fundament für den Traum vom Süden. Doch Geld allein genügt nicht. »Geduld und Ideen sind nötig«, meint Axel Ried. Geduld, weil in Griechenland alles dauert und nichts ohne Beziehungen und Sprachkenntnisse geht. Ideen, weil vieles scheitert, und in Griechenland nur ans Ziel kommt, wer flexibel und schlitzohrig ist.

Für Egotrips und diesen ganzen Rummel hatte Inge Schiefbahn wenig übrig. Der Verlauf des Projekts hat die heute Dreiundsiebzigjährige desillusioniert. »Seither sind mir Menschen nicht mehr so wichtig«, sagt sie. Sie ist klein gewachsen, dürr und gebeugt, ihr blondes Haar ist straff zurückgekämmt, ihre braune Haut ist runzlig und an Armen und Beinen von Dornen zerkratzt. Sie hat hellblaue Augen, Augen, die man noch sieht, wenn die eigenen geschlossen sind. Sie lebt allein in einer kleinen, schiefen Hütte, umgeben von Sträuchern und Bäumen. Sie liebt die wilde Natur, »in die kein Luxus und keine Bequemlichkeit gehören, weil sonst die wilde Natur verloren geht«. Sie pflegt ihren Garten, hat über junge Feigen- und Zitronenbäume Tücher gelegt. Zum Schutz gegen die Sonne. Sie hat Kakteen und Kräuter gepflanzt und Zäune gegen Wildziegen gezogen. Nie würde sie eine Pflanze aus der Erde reißen. Vorsichtig zupft sie die Blätter ab. Im Winter spart sie das aufgefangene Regenwasser für die Pflanzen im Sommer. »Die haben ein schwereres Leben als ich.« Sie isst Tomaten und trockenes Müsli aus Johannisbrotkernen und Feigen. Im Winter macht sie Fladenbrote und Suppe aus wilden Kräutern. Hat sie Schmerzen, hilft sie sich mit Fußreflexzonenmassagen.

Von ihren zweihundertsiebzig Euro Monatsrente spart sie Geld, um Futter für ihre Katzen zu kaufen. Über Politik und Umweltschutz spricht sie oft. Über den Krieg im Irak, den Autowahn und den Frühling, der immer weniger Frühling und immer mehr Sommer ist. Sie sammelt Berichte über Alternativenergie und klebt sie in ein Heft. Sie besitzt eine Gaskartusche zum Kochen, eine Stirnlampe zum Lesen, Wäsche, Bücher, Töpfe, Nähzeug und Gartengerät. Ihre Hütte, in die es hineinregnet, ist ein Zimmer mit Lehmboden, darin ein Bett, zwei Tische und ein selbst gebauter Ofen. »Sie ist sonderbar«, behaupten manche auf Sarakiniko. Inge Schiefbahn, dreifache Mutter, politisch das Kind von Marx und Engels, ist ein Mensch, der um Haltung bemüht ist und Haltung lebt. Ihr Sohn fuhr sie 1980 nach Griechenland. Sie hatte genug von ihrer Beamtenstelle als Lehrerin. Sie sagt: »Sarakiniko hat mir das Leben gerettet. Ich war tot in Deutschland.« Nicht so zu leben, wie es den eigenen Bedürfnissen entspricht; funktionieren zu müssen, obwohl man etwas ganz anderes will; gelebt zu werden, noch dazu in geschlossenen Räumen, wo doch das Leben einzigartig ist – davor graut ihr. Tiere, Pflanzen, Lesen, das sei ihr wichtig im Leben. »Und die Freiheit zu tun, was man für richtig hält.« Sie ist zufrieden mit ihrem Leben. Zufrieden, weil sie versucht habe, so viel wie möglich zu lernen.

Fällt die Nacht über Ithaka, fallen Wildziegen über Garten Eden her. Sie liegen auf Balkonen, klettern auf Wassertanks, fressen, was sie finden. Der Garten Eden ist »verwildertes Buschland, Grillplatz, Ghetto, Heimat, eine Geldanlage, ein Schrebergartenverein, in dem ein Kleinkrieg herrscht, ein Ort, an dem jeder leben kann, wie es ihm gefällt«. Sarakiniko ist, was man darin sehen will. Was wird aus Garten Eden? Vielleicht werden Straßen gebaut, Wasserleitungen und Stromkabel verlegt. Vielleicht wird das Gelände parzelliert und verkauft. Vielleicht wird man eines Tages Urlaub buchen können im Garten Eden. Auf zwölf Millionen Euro wird der Wert Sarakinikos heute geschätzt. Es heißt, es sei das teuerste Grundstück auf Ithaka.

Und was wird aus den Menschen? Rolf Brunner denkt darüber nach, ein Buch zu schreiben, etwas über Zielvorgaben in der Wirtschaft. Sarakiniko würde er nur verlassen, wenn er ernsthaft erkrankte. Mike Long grübelt: »Ich bin siebzig. Wenn mir etwas zustößt, ist niemand da, der hilft.« Vielleicht wird er mehr Zeit in Thailand verbringen. Lucio Bramato will bleiben. Müsste er Sarakiniko verlassen, würde er nach Tibet gehen, »irgendwohin, wo die Menschen noch einfach leben«. Axel Ried erwägt, nach Köln zu ziehen. »Eine Firma gründen, neue Impulse suchen, sich um die Altersversorgung kümmern.« Cornelius Sommer wird nächstes Jahr wieder auf dem Balkon sitzen und lesen. Und Inge Schiefbahn wird im Garten Eden sterben. Zuvor will sie das Dach reparieren, die Fenster abdichten, Johannisbrot ernten und aus ihrer Hütte ein Gewächshaus machen. Wo sie dann wohnen werde? »Das muss ich noch sehen«, sagt sie. Sie ist das bleibende Bild, das man von Sarakiniko mitnimmt.